Kay Pollak

Durch *Begegnungen* wachsen

Für mehr Achtsamkeit und Nähe
im Umgang mit anderen

Aus dem Schwedischen
von Karsten Koll

südwest

*Ein großer Dank an Carin, die mich ermunterte,
dieses Buch zu schreiben, und die mir so oft half, für das,
was ich sagen wollte, die richtigen Worte zu finden.*

Inhalt

Vorwort

Vor 18 Jahren befand ich mich in einer Lebensphase, in der ich unbedingt lernen musste, besser mit anderen Menschen umzugehen und zu kommunizieren. Ich bin Filmregisseur und geriet während der Arbeit häufig mit den Leuten in meinem Umfeld aneinander. Allzu oft war ich der Meinung, dass »die anderen« sich wieder einmal völlig danebenbenahmen. Ich hatte Schwierigkeiten, Menschen so zu akzeptieren, wie sie sind. Ich versuchte, sie zu verändern. All das fand ich ungeheuer ermüdend, und so begann ich darüber nachzudenken, ob ich meine Lebenseinstellung nicht grundsätzlich überdenken sollte.

Ich versuchte zu begreifen, was eigentlich geschieht, wenn sich zwei Menschen begegnen. Wie meine negativen Gedanken diese Begegnung beeinträchtigen. Kann man lernen, so fragte ich mich, seine Gedanken zu beeinflussen, um mit anderen Menschen besser zu kommunizieren? So wurde die Idee zu diesem Buch geboren – von dem ich selbst zunächst am allermeisten zu lernen hatte.

Ich arbeitete mehrere Jahre daran. Es nahm eine lange Zeit in Anspruch, alle Gedanken, die ich hatte, in eine reine und einfache Form zu bringen. Das Buch sollte sehr leicht zu lesen sein! Mit kurzen und einfachen Kapiteln. Meine Frau, die Journalistin ist, fungierte als meine ständige Redakteurin. Wir hatten endlose Diskussionen. Ich bin ihr für ihre Hilfe und Geduld unglaublich dankbar.

Seitdem das Buch erstmals in Schweden erschien, ist es ein Klassiker geworden und erlebt ständig neue Auflagen. Es wurde niemals Werbung dafür gemacht, sondern verbreitete sich ausschließlich durch Mundpropaganda. Im Lauf der Jahre habe ich Tausende Briefe und E-Mails bekommen. Viele Leser schrieben mir, das Buch liege ständig auf ihrem Nachttisch, habe ihnen im Alltag sehr geholfen, ja sogar ihr Leben verändert. Für all das bin ich sehr

dankbar, doch am dankbarsten bin ich für das, was es mir selbst bedeutet hat.
Das Buch wendet sich an Menschen aller Art. Es wird von Jugendlichen, Eltern, Lehrern, Krankenpflegern, Handwerkern, Beamten, Rechtsanwälten, Sporttrainern, Vorgesetzten und vielen, vielen anderen gelesen.
Oft muss ich mir seinen Inhalt selbst in Erinnerung rufen. Es begleitet mich auf meinen Reisen. Ich lese es, wenn ich im Zug oder Flugzeug sitze. Und jedes Mal überrascht es mich aufs Neue. Immer finde ich das, was mir in der jeweiligen Situation gut tut. Etwas Neues zu lernen gibt es immer.

Andere Menschen zu verändern ist ein ungeheuer schwieriges Unterfangen! Ich begriff, dass es leichter war, mich selbst zu verändern. Und mein persönlicher Gewinn war riesengroß. Ich fühle mich heute viel besser als damals. Empfinde mich seltener als Opfer. Habe weniger Feinde. Meine Arbeit als Filmregisseur ist kein Kampf mehr. Gemeinsam mit meinen Mitarbeitern erreiche ich leichter die Ergebnisse, die ich mir wünsche. Während der Arbeit an meinem letzten Film »Wie im Himmel« habe ich täglich die Ideen und Prinzipien angewandt, die in diesem Buch thematisiert werden. Das war mir eine enorme Hilfe. Die Menschen in meinem Umfeld »wuchsen«, während ich meine Gedanken über sie veränderte und bearbeitete! Die gesamte Filmcrew erlebte eine großartige Zeit miteinander, während wir alle danach strebten, einen richtig guten Film zu machen.
Wenn das Buch jetzt erstmals in deutscher Sprache erscheint, hoffe ich, dass möglichst viele Menschen sich daran erfreuen und von ihm profitieren werden.
Ihnen, liebe Leser, wünsche ich alles Gute – und viel Glück!

Die allerbesten Grüße
Kay Pollak

An den Leser

Nichts in diesem Kurs dürfte wirklich neu für Sie sein.
Sie besitzen von allem, was in diesem Buch steht, bereits Kenntnisse.
Es handelt von der Begegnung mit anderen Menschen und von unserer Fähigkeit, durch diese Begegnungen zu wachsen.

Es richtet sich an alle, die in ihrer Arbeit mit anderen Menschen zusammentreffen, aber auch an diejenigen, die sich selbst besser kennen lernen und durch Begegnungen wachsen wollen.
Ich hoffe, dass Sie dieses Buch in Ihrem täglichen Leben bereichern wird.

Man könnte es auch als eine Art Schnellkurs bezeichnen, der Sie – dank Ihrer eigenen Fähigkeiten – in die Lage versetzt, anderen Menschen auf eine neue Art und Weise gegenüberzutreten.

Das Buch besteht aus drei Teilen, gliedert sich also gewissermaßen in einen Grundkurs, einen Fortsetzungskurs und einen Abschlusskurs.

Lesen Sie langsam und in aller Ruhe.
Versetzen Sie sich in den Inhalt hinein.
Gehen Sie alles noch einmal durch, und freuen Sie sich über Ihre Fortschritte.
Allmählich werden Sie die Veränderung spüren, die mit Ihnen geschieht.

Viel Glück dabei!

BUCH 1

Durch Begegnungen wachsen

Jeder Mensch, dem ich begegne, ist mein Lehrer

Ich habe herausgefunden, dass Folgendes vollkommen wahr ist:

Ich kann von jedem, dem ich begegne, etwas lernen.

Oder können Sie einen einzigen Menschen in Ihrer Umgebung ausfindig machen, von dem Sie nichts lernen können?

Eine befreiende Erkenntnis: Aus jeder Begegnung mit einem anderen Menschen habe ich etwas zu lernen!

Mit dieser Grundeinstellung wird jede Begegnung spannender, befriedigender und erfreulicher verlaufen – für beide Seiten.

Versuchen Sie diesen Gedanken zu verinnerlichen:

Jede Begegnung mit einem anderen Menschen ist lehrreich für mich.

Ein sehr spannender Gedanke

Stellen Sie sich vor, dass keine Begegnung zwischen Menschen zufällig zustande kommt.

Stellen Sie sich vor, dass jeder Mensch, dem Sie begegnen, für Sie bestimmt ist.

Als ich zum ersten Mal mit diesem Gedanken konfrontiert wurde, hatte ich so meine Zweifel. Unmöglich, dachte ich. Wer sollte für all diese Begegnungen verantwortlich sein?
Doch je mehr ich mich mit diesem Gedanken anfreundete, desto stärker und erfreulicher wurde die Wirkung, die er entfaltete.
Die Begegnungen mit bekannten und unbekannten Menschen wurden immer interessanter – manchmal war die Wirkung nahezu schwindelerregend! Ich sage nicht, dass ich immer und überall mit diesem Gedanken lebe, doch lässt er mich nicht mehr los:

Stellen Sie sich vor, dass jeder Mensch, dem Sie begegnen, für Sie bestimmt ist.

Allmählich habe ich mich an diesen Gedanken gewöhnt und die Erfahrung gemacht, dass er das Leben bereichert und ihm einen Sinn verleiht.
Wer auf sein Leben zurückblickt, wird feststellen, dass jeder einzelne Mensch, dem man im Lauf der Jahre begegnet ist, seine Spuren hinterlassen hat. Jeder hat auf seine Weise dazu beigetragen, Sie zu der Persönlichkeit zu machen, die Sie heute sind. Genau diese Menschen haben ihren Einfluss ausgeübt und keine anderen.

Versuchen Sie erneut, sich an diesen Gedanken zu gewöhnen. Lassen Sie ihn langsam in sich eindringen und geben Sie ihm Zeit.

Stellen Sie sich vor, dass jeder Mensch, dem Sie begegnen, für Sie bestimmt ist.

Lesen Sie langsam:

Ich kann und will von anderen Menschen lernen.
Sie alle sind für mich bestimmt, damit ich von ihnen lerne.

Projektion

Oft beschuldigt man andere, anstatt die Verantwortung bei sich selbst zu suchen.

Dies wird Projektion oder Übertragung genannt. Man überträgt ein persönliches Problem auf andere. Man schiebt es einfach jemand in die Schuhe, damit man sich nicht an die eigene Nase fassen muss. Wir alle haben dies in bedrückenden Situationen schon getan, und wir alle waren in unserer Kindheit – mehr oder minder – den Projektionen Erwachsener ausgesetzt.

Erwachsene verhalten sich so, wenn sie ihre Kinder für den Stress verantwortlich machen, den sie empfinden: *Mein Gott, was bist du wieder anstrengend heute! Musst du mir ständig auf die Nerven gehen?*

Dies ist ein gutes Beispiel für eine Projektion – die Übertragung eines eigenen Problems auf jemanden, der völlig unschuldig ist.
Bestimmt haben viele von uns ein solches Verhalten in ihrer Kindheit erlebt. Erwachsene in unserer Umgebung haben versucht, ihre Probleme auf uns abzuwälzen.
Und so haben die meisten von uns frühzeitig »gelernt«, wie man sich Probleme vom Hals schafft, nämlich dadurch, dass man die Verantwortung dafür bei anderen sucht. Wie trügerisch eine solche Lehre ist, dürfte jedem einleuchten.

Suchen Sie nach Möglichkeiten, um mit Menschen, die Ihnen nahe stehen, ein offenes Gespräch über Projektionen zu führen.
Was kann man tun, um Projektionen zu vermeiden?
Der erste Schritt ist sicher schon getan! Er besteht darin, sich seine eigenen Projektionen bewusst zu machen.

Eine Möglichkeit, um dieses Verhaltensmuster zu durchbrechen, finden Sie auf der nächsten Seite.

(Während der Entstehung dieses Buch hatte ich manchmal das Gefühl, dass die wichtigsten Dinge immer auf der nächsten Seite stehen.)

Eine kraftvolle Einsicht

Ich ärgere mich aus anderen Gründen, als ich glaube.

Es geschieht sicher, dass Sie verärgert, verstört oder irritiert sind. Wenn Sie das nächste Mal glauben, dass Ihnen jemand aus Ihrer Umgebung Anlass zu Verärgerung, Zorn oder Irritation gibt, gehen Sie in sich und versuchen sich Folgendes klarzumachen:

Ich ärgere mich aus anderen Gründen, als ich glaube.

(Vergleichen Sie mit dem Buch »A Course in Miracles« von Foundation for Inner Peace.)

Dies einzusehen ist nicht leicht. Die meisten von uns sind es gewohnt, andere für die eigenen Befindlichkeiten verantwortlich zu machen.

Nur sehr ungern betrachten wir uns selbst als Ursache für unser Unbehagen, unseren Zorn oder unsere schlechte Laune. Doch der Grund für unsere Irritation sind wir selbst! Allzu verführerisch ist der Gedanke, dass alles schöner wäre, würden sich »die anderen« nur besser verhalten! Man könnte auch sagen, dass es leichter ist, die Schuld bei anderen zu suchen als bei sich selbst (Übertragung – Projektion).

Wenn Sie sich also in Zukunft über jemanden ärgern, dann rufen Sie sich folgenden Satz in Erinnerung:

Ich ärgere mich aus anderen Gründen, als ich glaube.

Dieser Satz funktioniert wie eine Art Schraubenschlüssel. Er eröffnet Ihnen die Möglichkeit, sich selbst zu sehen, statt anderen die Schuld zu geben.

Haben Sie erst einmal ein eigenes Beispiel für die Richtigkeit dieses Satzes entdeckt, werden Sie rasch weitere finden.

Und wenn Sie in der Lage sind, regelmäßig solche Beispiele zu finden, dann haben Sie bereits einen großen Schritt in Ihrer persönlichen Entwicklung gemacht. Sie werden sich spürbar besser fühlen!

Suchen Sie nach persönlichen Beispielen!

Eine absolute Wahrheit

Machen Sie sich hin und wieder Folgendes klar:

Ich allein bin dafür verantwortlich, wie ich meine Umgebung verstehe.

Ich trage also die Verantwortung dafür, wie ich das, was ich sehe, interpretiere. Daran besteht kein Zweifel. Die Verantwortung für die Interpretation meiner Umwelt kann mir niemand abnehmen.

Stellen Sie sich vor, Sie müssten eine Rede vor Ihren Kollegen halten. Plötzlich bemerken Sie, dass einer der Zuhörer gähnt. Die Interpretation dieser Tatsache liegt ganz bei Ihnen. Sollten Sie an mangelndem Selbstvertrauen leiden, werden Sie das Gähnen unwillkürlich auf sich selbst und Ihren Vortrag beziehen. Vielleicht macht es Sie nervös! Vielleicht denken Sie: *Ich bin nicht gut genug! Ich bin der Situation nicht gewachsen!*

Das heißt, Sie fühlen sich von dem Gähnen persönlich angegriffen. So werden Sie zum Opfer Ihrer eigenen Interpretation der Wirklichkeit. Ohne zu wissen, ob Ihr gähnender Kollege vielleicht ein Schlafdefizit hat, lassen Sie ihn darüber entscheiden, wie Sie sich fühlen.

Denken Sie also immer daran:

Die Wirklichkeit und meine Auffassung der Wirklichkeit sind nicht dasselbe.

Es gibt stets verschiedene Möglichkeiten, die Umwelt zu interpretieren.

Wenn Sie sich wohl fühlen und ein intaktes Selbstvertrauen besitzen, dann werden Sie möglicherweise denken: *Der Arme hat bestimmt schlecht geschlafen. Wie schön, dass er trotzdem hier ist!* Oder: *Die Luft hier drin ist ja ziemlich verbraucht. Wir sollten mal das Fenster aufmachen.*

Sie haben also verschiedene Möglichkeiten, wie Sie die Situation deuten.

Die getroffene Wahl zeigt – wie eine Art Punktewertung –, wie man sich selbst beurteilt.

Jede Wahl, die Sie treffen, ist eine Beurteilung Ihrer selbst!

Vergessen Sie nicht:

Ich allein bin dafür verantwortlich, wie ich meine Umgebung verstehe.

»Du bist nicht gut genug«

In den USA wurde ein soziologisches Experiment mit dreijährigen Kindern durchgeführt: Man stattete sie mit Tonbandgeräten aus, die stundenlang liefen, bevor die Kassetten ausgetauscht werden mussten. Die Tonbandgeräte nahmen sämtliche »hörbaren« Botschaften auf, die diese Kinder während eines Zeitraums von 14 Tagen erhielten. Danach wurden die Kassetten eingehend ausgewertet und die auf ihnen enthaltenen Mitteilungen klassifiziert. Es stellte sich heraus, dass 85 Prozent aller Botschaften »Verbote« enthielten. Doch was noch schwerer wiegt: Ein Großteil aller Botschaften signalisierte den Kindern: *Du bist nicht gut genug. Du musst dich ändern. Du genügst den Anforderungen nicht.*

Man sollte sich vor Augen führen, dass viele von uns dieses »persönliche Urteil« auf tausend verschiedene Arten eingeprägt bekommen haben. Später ist dieses – unberechtigte! – persönliche Urteil dafür verantwortlich, dass wir die Wirklichkeit oft falsch interpretieren. So gewinnen wir Vorstellungen von der Realität, die nicht der Wahrheit entsprechen.

Sich dies vor Augen zu führen kann schmerzhaft sein, weil man als Erwachsener womöglich an die eigenen Fehler im Umgang mit Kindern erinnert wird. Vielleicht haben Sie jetzt Schuldgefühle und möchten das Buch am liebsten in den Papierkorb werfen.

Doch versuchen Sie es einmal mit diesem erfreulichen Gedanken: *Unzweifelhaft an der Vergangenheit ist nur, dass sie vorbei ist.*

Für neue Versuche ist es nie zu spät!

Wir sind hier, um zu lernen.

Das wahre Ich

Tief in unserem Inneren findet sich alles, was perfekt ist.
Tief in unserem Inneren befindet sich unser wahres Ich.

Das wahre Ich ist unzerstörbar.
Alle haben ein »wahres Ich«. Alle!

Das wahre Ich kann verschüttet sein.
Doch es kann niemals ausgelöscht werden.
Die Sehnsucht nach dem wahren Ich ist immer da.
Diese Sehnsucht findet sich im Inneren aller Menschen.
Das gibt uns Hoffnung.

Man spürt sehr genau, wenn man Kontakt zu seinem wahren Ich aufgenommen hat.
Vielleicht waren es gestern nur zehn Minuten. Dennoch besteht kein Zweifel.
Man ist einem anderen Menschen ohne jede Angst gegenübergetreten.
Man war im Einklang mit sich selbst, erlebte eine Weile des Glücks, der Kraft und Gegenwärtigkeit – als führe man mit »dem Besten in sich« einen harmonischen Tanz auf.

Eine »nicht«-freie Zeit

Als Kinder bekamen wir oft zu hören: *Du darfst nicht … Mach dich nicht schmutzig … Stell die Schuhe nicht dorthin … Verpass den Bus nicht …* usw.

Es war eine lange Reihe von Negationen und Verboten, in denen das Wort »nicht« eine entscheidende Rolle spielte.

Wie sprechen wir Erwachsenen miteinander?

Versuchen Sie es doch mal mit folgender amüsanter Übung, die jeder mit seinem Partner, in der Familie oder am Arbeitsplatz ausprobieren kann.

Vereinbaren Sie jeden Tag eine gewisse Zeitspanne, während der sie miteinander reden, ohne das Wort »nicht« zu benutzen. Das könnte zum Beispiel jeden Vormittag zwischen zwanzig vor zehn und zehn Uhr sein. (Man sollte die Zeitspanne anfangs auf 20 Minuten begrenzen!) In dieser Zeit ist das Wort »nicht« vollkommen tabu. Sie werden sehen, wie viel Spaß diese Übung macht. Man ist gezwungen, so viele merkwürdige Umschreibungen zu finden, dass man aus dem Lachen nicht mehr herauskommt.

Am Anfang bedarf es viel Konzentration.

Legen Sie also eine Zeitspanne fest, in der das Wort »nicht« aus Ihrer Kommunikation verbannt ist. Nach einer Woche wählen Sie eine andere Uhrzeit – vielleicht irgendwann am Nachmittag.
Dann verlängern Sie diese Zeitspanne Stück für Stück. Allmählich werden Sie die Veränderungen bemerken und sich viel besser fühlen!

Das soll natürlich keineswegs heißen, dass Sie das Wort »nicht« überhaupt nicht mehr benutzen dürfen. Doch ich versichere Ihnen, dass Sie großartige Erfahrungen machen werden, wenn Sie das Wort sparsam verwenden. Sie entwickeln andere Möglichkeiten, sich auszudrücken, was ebenso lehrreich wie amüsant ist. Nur Mut!

Positive Bilder

Es ist gut zu wissen, dass Sätze, in denen das Wort »nicht« vorkommt, uns auf ganz besondere Weise beeinflussen.

Das folgende Beispiel macht dies sehr deutlich. Dass es sich um ein Gespräch mit einem Kind handelt, ist nebensächlich. Auch unter Erwachsenen ließen sich ähnliche Beispiele finden.

Stellen Sie sich vor, Sie wollen einem Vier- oder Fünfjährigen das Fahrradfahren beibringen. Sie befinden sich also auf einem Sandweg, der in einiger Entfernung eine tiefe Mulde aufweist. Sie stehen hinter dem Kind, halten den Gepäckträger des Fahrrads fest und werden gleich loslassen. Sie ermahnen das Kind in aller Deutlichkeit: »Siehst du die Kuhle da vorne? Pass auf, dass du *nicht* hineinfährst!«
Dann schieben Sie das Fahrrad an und lassen den Gepäckträger los. Das Kind schwankt davon, steuert genau auf die Mulde zu und fährt mitten hinein – bum! Dabei hatten Sie doch nachdrücklich auf die Gefahr hingewiesen.

Wie ist das zu erklären? Das Wort »nicht« findet keinen Zugang zu unserem Unterbewusstsein.

Unser Unterbewusstsein arbeitet ausschließlich mit Bildern.
Doch wie sieht das Bild aus, das dem Kind vermittelt wird, wenn Sie sagen: »Pass auf, dass du nicht in die Kuhle fährst!«?
In dem Kind wird ein Bild geformt, wie es in die Kuhle hineinfährt. Dann steuert das Unterbewusstsein die Muskeln. Die Botschaft, die das Unterbewusstsein des Kindes erhalten hat, lautet: Fahr hinein in die Kuhle. Das Bild von »nicht in die Kuhle fahren« existiert nicht.

Besser sollte man sagen: »Gleich lasse ich los. Bleib mitten auf dem Weg. Du fährst sicher geradeaus. Viel Glück!«

Ein positives Bild – das gibt es immer.

Helfen Sie auch anderen, solche positiven Bilder zu schaffen. Das verbreitet Freude und ist leichter anzunehmen. Das Unterbewusstsein wird von kraftvollen und bejahenden Bildern erfüllt.

Sie werden sich, wie gesagt, über all die merkwürdigen Formulierungen amüsieren, zu denen Sie plötzlich gezwungen sind, wenn Sie das Wort »nicht« vermeiden wollen. Und auf einmal entdecken Sie, dass Sie ganz selbstverständlich mit positiven und konstruktiven Bildern kommunizieren. Das wird Ihnen gut tun. Und auch die Menschen in Ihrem sozialen Umfeld werden sich sichtlich wohl fühlen.

Das Gute suchen

Haben Sie schon einmal die Erfahrung gemacht, wie schwierig es sein kann, sein Verhalten gegenüber einer gewissen Person zu verändern? Ich schon. Man kann sich noch so sehr vornehmen, diese Person gut zu behandeln und das Verhältnis zu ihr zu verbessern, doch aus irgendeinem Grund will es nicht gelingen. Unwillkürlich fällt man immer wieder in alte Verhaltensmuster zurück und spürt, dass man einfach nicht in der Lage ist, sein Verhalten von heute auf morgen zu ändern. Der Wille ist da, aber das scheint nicht genug zu sein.

Nach einiger Zeit bin ich zu folgender Erkenntnis gelangt:

Das Einzige, das ich ändern kann, sind meine eigenen Gedanken.

Meine Gedanken sind es, die jede Veränderung ermöglichen.
Jede Entscheidung hängt von ihnen ab.

Hier ist eine wunderbare Übung, die Ihnen wirklich helfen kann, Ihre Gedanken zu verändern:

Setzen Sie sich ganz ruhig hin. Entspannen Sie sich und schließen Sie die Augen. Spüren Sie, wie Ihr Körper zur Ruhe kommt. Atmen Sie tief und gleichmäßig.
Denken Sie an einen Menschen, mit dem Sie manchmal Schwierigkeiten haben. Stellen Sie sich sein Gesicht vor. Bleiben Sie ganz ruhig und konzentrieren Sie sich auf sein Aussehen. Bewahren Sie den Kontakt mit dem Guten in sich.
Richten Sie Ihre Gedanken nun auf eine positive Eigenschaft dieses Menschen. Nehmen Sie sich ruhig Zeit – irgendwann wird Ihnen schon etwas einfallen, auch wenn Sie anfangs nichts Positives an ihm entdecken können.

Sobald Sie etwas Positives an diesem Menschen gefunden haben, versuchen Sie diese Eigenschaft zu visualisieren. Lassen Sie sich Zeit dabei. Vergegenwärtigen Sie sich den Menschen mit genau dieser guten Eigenschaft.

Stellen Sie sich verschiedene Situationen vor, in denen diese Eigenschaft zum Tragen kommt, und spüren Sie den kleinen wunderbaren Veränderungen nach, die in Ihnen vorgehen. Horchen Sie in sich hinein.

Sie werden das Glück empfinden, gut über einen anderen Menschen zu denken!
Fahren Sie damit fort. Vielleicht fällt Ihnen noch eine weitere positive Eigenschaft ein. Spüren Sie, was diese Gedanken in Ihnen auslösen.
Empfinden Sie den Frieden in Ihrem Körper, in Ihrem Gesicht.

Eines ist gewiss: *Sie werden diesem Menschen das nächste Mal anders gegenübertreten.*

Gedanken haben gestalterische Kraft

Ich suche und bekomme das, was ich mir von einem anderen Menschen erwarte. Ich sehe das, was ich sehen möchte.

Meine Gedanken über einen anderen Menschen haben gestalterische Kraft. Was ich über einen anderen Menschen denke, neigt dazu, durch die Realität bestätigt zu werden. Was ich von einem anderen Menschen erwarte, wird – auf verschiedene Art und Weise – zu erlebter Wirklichkeit. Das nennt man Pygmalioneffekt.

Der Pygmalioneffekt: *Wenn sich meine Annahme über einen anderen Menschen als wahr erweist, dann habe ich richtig gedacht. Wenn sich mein Vorurteil über einen anderen Menschen bestätigt, dann habe ich die richtigen Schlüsse gezogen. So oder so – ich muss niemals zweifeln.*

So lebe ich in einer Welt, die mir stets das bestätigt, was ich denke! Ich suche in anderen Menschen nur nach dem, was mir »Recht« gibt.

Meine Gedanken haben gestalterische Kraft.

Wenn ein Mensch – gleichgültig, ob es sich um Ihr Kind, Ihren Partner, Mitarbeiter, Patienten oder Schüler handelt – fühlt und weiß, was von ihm erwartet wird, handelt er oft in Übereinstimmung mit diesen Erwartungen.

Stufe ich eine Person als »unangenehm« ein, so wird sie sich unwillkürlich so verhalten, dass ich mich in meinem Urteil über sie bestätigt fühle.

Das Fantastische ist jedoch, dass ich meine Gedanken über einen anderen Menschen ändern kann!

Machen Sie sich bewusst, dass Sie allein für Ihre Gedanken verantwortlich sind. Wiederholen Sie im Stillen mehrmals am Tag folgenden Satz:

Ich bin verantwortlich für meine Gedanken.

Lesen Sie langsam folgende Sätze:

Ich kann meine Gedanken über mich ändern.
Ich kann meine Gedanken über andere Menschen ändern.

Dies ist eine Binsenweisheit – aber mit weit reichenden Folgen! Der Mensch kann seine Gedanken ändern. Sie können Ihre Gedanken über einen anderen Menschen ändern. Sie können Ihre Gedanken über sich selbst ändern.

»Gute Gerüchte«

Wir können einander helfen, indem wir gut übereinander sprechen. Helfen Sie mit, all das Gute, das in jedem von uns steckt, herauszustellen. Arbeiten Sie daran.

Sorgen Sie für positive Stimmung! Verbreiten Sie »gute Gerüchte«!

Tun Sie es auch, um sich selbst besser zu fühlen! Das ist mein voller Ernst. Sie werden sehen, wie sehr ein solches Verhalten Ihrem eigenen Wohlbefinden zugute kommt.

Verbreiten Sie Positives über Kollegen, Patienten, Kunden, Klienten und Schüler, über Ihren Partner und Ihre Kinder ... Sprechen Sie viel und oft über das, was wahr und gut ist! Das ist eine Art, die Welt zu verändern. Und erleben Sie die Freude, die entsteht, wenn man sich mit positiven Gedanken beschäftigt.

Kollegen, die auf Mobbing und gehässigen Tratsch verzichten, werden unbeschwerter und besser zusammenarbeiten. Und je besser man zusammenarbeitet, desto eher ist man den gemeinsamen Aufgaben gewachsen. Desto sinnvoller erscheint das, was wir tun.

Wer sehnt sich nicht danach, einen Sinn in seinem Dasein zu erkennen?

Ein besseres Arbeitsklima

Schaffen Sie positive Muster. Durchbrechen Sie die negativen!

Hier ist eine konstruktive Methode, mit der sich die Atmosphäre am Arbeitsplatz verbessern lässt:

- Entscheiden Sie sich dafür, dass Sie die Atmosphäre am Arbeitsplatz verbessern wollen.

- Nehmen Sie sich vor, all Ihre Energie dafür einzusetzen. Erzählen Sie niemand von Ihrem Vorhaben.

- Setzen Sie sich zu Hause an einen ruhigen Platz und richten Sie Ihre Gedanken auf eine bestimmte Person.
  Das kann jemand sein, der Ihnen unsympathisch ist und zu dem Sie eine bessere Beziehung anstreben. Vielleicht ein Kollege, Patient oder Schüler, zu dem Sie ein belastetes Verhältnis haben.

- Erstellen Sie eine Liste mit positiven Eigenschaften dieser Person. Schreiben Sie nur Dinge auf, die Sie wirklich ehrlich meinen. Vielleicht werden Ihnen eine Menge negativer Eigenschaften durch den Kopf gehen, doch darauf kommt es jetzt nicht an. Sie leugnen diese negativen Eigenschaften zwar nicht, konzentrieren sich im Moment aber nur auf das Positive.

- Wenn die Liste abgeschlossen ist, müssen Sie einräumen, dass es durchaus Eigenschaften gibt, die Sie an dieser Person – nennen wir sie Kollegin X – schätzen, vielleicht sogar bewundern.

Wählen Sie nun eine bestimmte Eigenschaft von der Liste aus.

Sollte sich bei der Arbeit demnächst eine passende Gelegenheit ergeben, dann packen Sie diese am Schopf und sagen zu einem Kollegen (natürlich nur, wenn X nicht dabei ist):
»Ich habe an X schon immer bewundert, dass …«

Sie müssen das Lob wirklich ehrlich meinen.

Falls Ihr Gegenüber negativ reagiert, dann gehen Sie darauf nicht ein, sondern wechseln einfach das Thema.
Wenn Sie möchten, dann wiederholen Sie das Lob bei irgendeiner Gelegenheit gegenüber einer anderen Person.
Das nächste Mal wählen Sie eine weitere gute Eigenschaft von der Liste aus und lassen im Kollegenkreis eine Bemerkung darüber fallen – und so weiter …

Wer das tut, wird wahre Wunder erleben!

Eine Erinnerung

Was ich von einem anderen Menschen denke, handelt mehr von mir als von diesem anderen.

Was ich über einen anderen Menschen denke, sagt mehr über mich als über ihn.

Der folgende Text kann als Erinnerung dienen:

Was Peter über Paul denkt,
sagt oft mehr über Peter
als über Paul.

Stellen Sie diesen Text an Ihrem Arbeitsplatz auf.

Sie können es natürlich auch so formulieren:

Was ich über Paul denke,
sagt oft sehr viel mehr über mich
als über Paul.

Vielleicht entscheiden Sie sich ja für diese Version:

Meine Gedanken über dich
berichten von mir.

Meine Gedanken über dich
sagen nichts über dich.

Denn in meinem Kopf
werden sie geschaffen.

Über wahre und falsche Gedanken

Sobald man an einen Menschen denkt, stellen sich ganz bestimmte Assoziationen über ihn ein. Das geht meist blitzschnell.

Könnte es sein, dass jeder Gedanke über einen anderen Menschen entweder die Wahrheit oder die Lügen, Täuschungen und Illusionen über ihn verstärken?

Kann man über einen anderen Menschen überhaupt neutral nachdenken? Ich glaube nicht.

Lesen Sie mehrfach:

Jeder meiner Gedanken trägt zur Wahrheit oder zur Illusion bei.

Jeder meiner Gedanken vergrößert die Wahrheit oder die Lüge.

Ein Beispiel: Sie fahren nach der Arbeit mit dem Bus nach Hause. Dort fällt Ihnen eine bestimmte Person auf. Sie beginnen sich Gedanken über diese Person zu machen. Entweder tragen diese Gedanken zur Wahrheit über den anderen Menschen bei, oder aber sie vergrößern die Summe der Lügen, Vorurteile und Illusionen über ihn.

Hat man dies erst mal begriffen, beginnt man seine eigenen Gedanken zu beobachten – eine hochinteressante Tätigkeit.

Denken Sie daran, dass nur Sie allein für Ihre Gedanken verantwortlich sind.
Natürlich trägt auch jedes Wort über andere Menschen dazu bei, die Menge der Wahrheit oder der Lüge zu vergrößern. Doch zunächst wollen wir uns ausschließlich auf unsere Gedanken kon-

zentrieren. Denn nur auf der Ebene der Gedanken ist es uns möglich, eine Wahl zu treffen. Sagen Sie sich also hin und wieder im Stillen:

Jeder Gedanke, den ich mir über einen anderen Menschen mache, verstärkt entweder die Wahrheit oder vermehrt die Lügen über ihn.

Und vergessen Sie nicht:

Ich bin verantwortlich für meine Gedanken.

Acht goldene Worte

Vielleicht ist dies die schönste Übung von allen, weil Sie einem das Gefühl vermitteln kann, eine schwierige Situation zu meistern. Wenn Sie sich das nächste Mal von einem Kollegen, Kunden, Klienten, Schüler oder Ihrer pubertierenden Tochter kritisiert und angegriffen fühlen, dann versuchen Sie es einfach mit den acht goldenen Worten.

Atmen Sie tief ein und sagen Sie während des Ausatmens in aller Ruhe:

»An dem, was du sagst, ist etwas dran.«

Sie werden sich wundern, wie befreiend diese Worte wirken – für beide!

Die beste Gelegenheit, dieses Verhalten zu trainieren, haben Sie oft in Gegenwart der Person, mit der Sie Ihr Leben teilen. Sie haben sich schließlich für sie oder ihn entschieden, um sich ein paar richtig gute Lektionen erteilen zu lassen! In einer Paarbeziehung atmet man manchmal mehrere Tage lang ein, bevor man ans Ausatmen denkt und zu folgendem Satz in der Lage ist: *»An dem, was du sagst, ist etwas dran.«*

Üben Sie immer weiter und lassen Sie nicht locker. Dann wird sich Ihnen allmählich auch die uralte Wahrheit erschließen:

Man kann einen anderen Menschen nicht verändern.
Man kann nur sich selbst verändern.

Die Wahrheit erkennen

Wenn Sie das nächste Mal einem Menschen begegnen, der vor Wut aus der Haut fährt, Ihnen Vorwürfe macht, vielleicht sarkastisch und arrogant, mit Sicherheit aber aus dem Gleichgewicht geraten ist, dann machen Sie sich Folgendes klar:

Ein Mensch, der sich wohl fühlt, hat niemals das Bedürfnis, einen Mitmenschen zu attackieren oder zu verfolgen.

Doch sagen Sie dies nicht zu Ihrem Gegenüber! Behalten Sie dieses Wissen für sich, und Sie werden den anderen mit neuen Augen sehen.
Sie werden sich weniger bedroht fühlen als früher. Sie sind weniger verletzlich und gelassener. Ganz ruhig stehen Sie da. Ihr Herz schlägt langsam und gleichmäßig.

Vor Ihnen steht ein Mensch, der sich in diesem Augenblick nicht wohl fühlt.

Wenn Sie dies erkennen, dann werden Sie auch in einer Art und Weise reagieren können, die Ihnen beiden sowie der Lösung des Konflikts zugute kommt. Falls Sie jedoch in alte Verhaltensmuster zurückfallen und zum Gegenangriff übergehen, dann werden Sie nicht in der Lage sein, so zu reagieren, dass sich beide Kontrahenten in ihrer Haut wohl fühlen.

Wenn Sie also das nächste Mal jemand begegnen, der wütend, arrogant oder aggressiv ist – versuchen Sie es …

Ein Streit beginnt niemals mit der ersten Erwiderung.
Er beginnt mit der zweiten.

Ich habe etwas zu lernen

Wenn Sie das nächste Mal irritiert und wütend sind, weil Sie zum Beispiel mit einem Bekannten in Streit geraten, dann versuchen Sie sich (was eine große Bereitwilligkeit erfordert) Folgendes in Erinnerung zu rufen:

Was gerade geschieht, geschieht deshalb,
weil ich etwas zu lernen habe.

Das ist kein leichtes Unterfangen. Doch wenn wir anderen die Schuld geben, anstatt uns an die eigene Nase zu fassen, dann versuchen wir nur, ein persönliches Problem auf einen Unschuldigen abzuwälzen (siehe Kapitel über Projektion).

Es ist meine freie Entscheidung, ob ich meinen Ärger jemand in die Schuhe schiebe oder ob ich die Ursachen für meine Verstimmung in mir selbst suche und finde. Ob ich bereit bin, etwas über mich selbst zu lernen – und daran zu wachsen.

Ein Beispiel: Ich habe mich früher oft schwarz geärgert, wenn die Zuhörer zu spät zu meinen Vorträgen kamen. Ich wurde zum Opfer meiner Fehlinterpretation der Wirklichkeit.
Schließlich habe ich begriffen, *dass ich mich aus ganz anderen Gründen ärgerte, als ich glaubte*. Ich dachte, ich ärgerte mich über das Verhalten dieser Leute, aber so war es nicht.
Ich verwechselte Ursache und Wirkung. Das Problem waren nicht »die anderen«, sondern ich selbst. In Wahrheit litt ich an mangelndem Selbstbewusstsein und hatte große Angst davor, die Kontrolle zu verlieren. Ich hatte Angst!
Aber das wollte ich mir nicht eingestehen. Da war es viel einfacher und bequemer, die anderen für meine Verstörung verantwortlich zu machen, anstatt die Ursache des Problems bei mir selbst zu suchen.

Ich hatte viel zu lernen.

Wenn Sie also das nächste Mal über das Verhalten anderer Leute irritiert oder verärgert sind, dann gehen Sie in sich und machen sich Folgendes klar:

Was gerade geschieht, geschieht deshalb,
weil ich etwas zu lernen habe.

Eine hoffnungsvolle Einsicht

Was für mich ebenfalls wahr geworden ist:

Wenn ich einen anderen Menschen verurteile, sehe ich nicht den ganzen Menschen.

In ihrem Inneren wissen das alle.

Es ist manchmal nicht leicht, sich zu dieser Einsicht durchzuringen, doch jedes Mal, wenn ich einen anderen Menschen verurteile, sehe ich nicht den ganzen Menschen, sondern kann nur einen Bruchteil von ihm erkennen.

Bekomme ich jedoch die Möglichkeit, das ganze Leben eines Menschen zu betrachten, mir all sein Glück und Unglück, seine Träume und Bestrebungen vor Augen zu führen, dann bin ich unfähig, ihn zu verurteilen und zu verhöhnen. Ich mag sein Verhalten noch so sehr kritisieren und missbilligen, doch wenn ich ihn in seiner Gesamtheit betrachte, werde ich ihm offen und verständnisvoll gegenübertreten. Ein erstaunlicher Vorgang, aber so ist es nun mal.

Die Gesamtheit einer Person zu sehen gehört zu den schwierigsten Dingen, die es gibt. Ein Bruchstück dieser Person herauszupicken und zu verurteilen ist hingegen sehr einfach.

Diese Erkenntnis sollte uns eigentlich hoffnungsvoll stimmen, weil sie so einfach und selbstverständlich erscheint. Doch aus irgendeinem Grund ist es trotzdem schwer, auch danach zu handeln.

Andere verurteilen

In diesem Kapitel geht es um die eigene Gesundheit:

Wenn ich einen anderen Menschen herabsetze oder verurteile, sei es ein Kind oder ein Erwachsener, dann schade ich mir selbst.

Ich schwäche mich selbst, indem ich andere verurteile. Ich gerate aus dem Gleichgewicht und verliere meine Lebensfreude. Fühle mich unwohl. Meine Immunabwehr wird geschwächt. (Was sich physiologisch bis hin zur Anzahl der weißen Blutkörperchen nachweisen lässt.)

Negative Gedanken über andere Menschen machen uns in gewisser Weise unfrei. Sie erschweren es uns, anderen Menschen (Patienten, Kunden, Schülern, Familienmitgliedern ...) offen gegenüberzutreten. Wir sind nicht in der Lage, ihnen mit Wärme und Herzlichkeit in die Augen zu sehen. Das Beste von uns leuchtet ihnen nicht mehr selbstverständlich entgegen. Wir weichen ihnen aus. Eine »Distanzierung« beginnt. Wir fühlen uns schlecht und bekommen Schuldgefühle. In unserem Innersten spüren wir, dass wir den Kontakt zu dem Besten in uns verloren haben. Wir haben zu dem anderen keine gemeinsame Wellenlänge.

Natürlich ist es nicht leicht, dies alles zu vermeiden. Ich möchte auch keineswegs behaupten, dass es mir selbst gelingt, ganz ohne Vorwürfe und Schuldzuweisungen auszukommen. Doch eines habe ich begriffen: *Wenn ich andere Menschen verurteile, dann schade ich mir und schwäche mich selbst. Ich fühle mich stets unwohl dabei.*

Wer andere verachtet, kann selbst nicht glücklich sein. Das wissen wir alle.

Jeder von uns hat hin und wieder negative Gedanken über andere Menschen. Das ist vollkommen normal.
Die Frage ist nur, wie wir mit diesen Gedanken umgehen.

Wenn Sie einen anderen Menschen in Gedanken kritisieren und beschuldigen, dann führen Sie sich dieses Bild vor Augen:

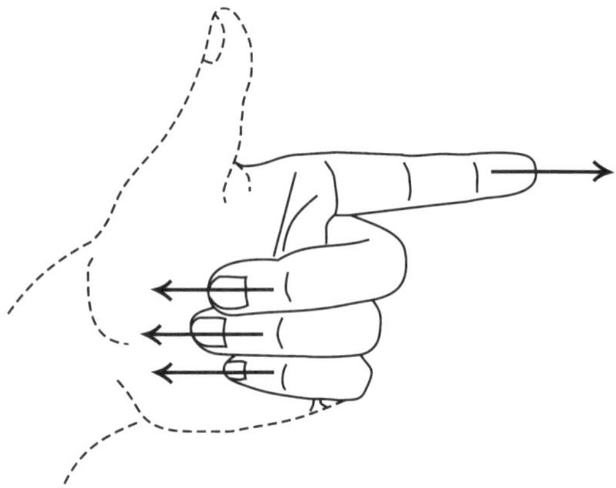

Wer anklagend den Zeigefinger auf jemand richtet, vergisst allzu leicht, dass dabei drei Finger in die eigene Richtung zeigen.

Angriff – Furcht

Manchmal greifen wir andere Menschen an.
Wäre es möglich, dass ich immer eine Form von Angst vor dem Menschen haben werde, den ich attackiere?

Für mich ist es eine Tatsache:

Ich werde immer den fürchten, den ich angegriffen habe.

Was ist mit Angriff gemeint? Schon wenn ich herabsetzend über jemand spreche, ist das ein Angriff. Wenn ich über eine andere Person herziehe, sie lächerlich mache, anklage oder mit Schuldvorwürfen überziehe, ist das ein Angriff.

Ein Angriff kann auch ein Gedanke sein! Wir greifen einen Menschen an, wenn wir negativ über ihn denken, ihm im Stillen Vorwürfe machen.
Doch wenn ich jemanden attackiere, entstehen auch Schuldgefühle und womöglich die Angst, der andere könne zum Gegenangriff übergehen. Um mich zu verteidigen, greife ich wieder an, was neue Schuldgefühle nach sich zieht. Diese verstärken die Angst vor einem Gegenangriff usw.

Damit ist unbewusst ein Kreislauf in Gang gesetzt worden, dessen Geschwindigkeit ständig zunimmt. Wie Mobbing entsteht, kann durch diesen Kreislauf ebenfalls erklärt werden.

Jede Attacke entfernt mich weiter von meinem wahren Ich.

Ich werde immer den fürchten, den ich angegriffen habe.

Von der Wahrheit dieses Satzes kann man sich leicht überzeugen, indem man sich im Alltag beobachtet. Man braucht nur darauf zu achten, wann man sich frei fühlt und wann nicht.

Viele sind der Meinung, man sei ausschließlich für das eigene Verhalten, nicht aber für das eigene Denken verantwortlich. Das habe ich früher auch gedacht.

Doch in Wahrheit bin ich auch dafür verantwortlich, was ich denke.

Stellen Sie sich vor, Sie betreten einen Raum, in dem bereits mehrere Menschen warten. Es handelt sich um eine Versammlung, auf der Sie eine Rede halten sollen. Plötzlich geht Ihnen ein negativer Gedanke über einen der Anwesenden durch den Kopf. Vielleicht in etwa: *Oh, Gott, ist der auch hier? Verdammt, mit dem hatte ich gar nicht gerechnet!*

Damit machen Sie es sich unnötig schwer. Sie haben einen anderen Menschen attackiert und warten nun unbewusst auf seinen Gegenangriff. Ihre Angst lässt Sie innerlich in Deckung gehen. Sie nehmen eine verkrampfte Haltung ein. Sie sind aus dem Gleichgewicht geraten.

Vor allem sind Sie nicht mehr in der Lage, das Beste in sich zu mobilisieren und Ihrem Gegenüber offen und warmherzig zu begegnen. Sie beginnen ihm auszuweichen. Fühlen sich gehemmt. Ihre Angst vor diesem Menschen erfüllt den Raum. Und Ihren eigenen Körper!

Um die Kontrolle zu bewahren, müssen Sie sehr viel Energie aufbringen. Hinterher werden Sie vermutlich angespannt und erschöpft sein.

Ich werde immer den fürchten, den ich angegriffen habe. Wenn Sie allmählich die Bedeutung dieses Satzes erfassen, ist das ein ungeheurer Vorgang, der letztlich auch Ihr Wohlergehen und Ihre Gesundheit beeinflusst.

Eine Frage der Aufklärung

Tief in uns wissen wir vermutlich alle, dass wir mit unseren negativen und herabsetzenden Gedanken über andere Zeugnis von uns selbst ablegen.

Hinter jedem negativen Gedanken über andere verbirgt sich die eigene Angst.

Oft fühlen wir uns gerade dann von anderen Personen provoziert, wenn sie uns etwas in Erinnerung rufen, das wir nicht sehen wollen oder das uns Angst macht. Wenn sie uns an etwas erinnern, das wir verneinen und verdrängen.

Dass wir gerade das verhöhnen und attackieren, was wir in uns selbst verneinen und verdrängen, ist eine psychologische Binsenweisheit.

Und doch ist die Kenntnis dieses grundlegenden Zusammenhangs sowie das Wissen darum, was er für mich persönlich bedeutet, von größter Wichtigkeit, um sich als einigermaßen »aufgeklärt« bezeichnen zu können.

Oft bin ich einer Beschäftigung mit mir selbst aus dem Weg gegangen. Vielmehr habe ich mir eingeredet (und war mir ganz sicher), dass meine Unzufriedenheit und Unausgeglichenheit von »den anderen« verursacht werde. Ich projizierte die Ursache für mein Unbehagen auf andere Leute. Ich attackierte sie, machte zum Beispiel irgendjemand zum Sündenbock, um von mir selbst abzulenken. Das ist natürlich nicht entwicklungsfördernd.

Solche Angriffe sind stets der Versuch, von sich selbst abzulenken. Solche Attacken – ob sie nun als Gedanken oder Handlungen auftreten – sind eine Form der Abwehr. Ihr Ziel ist es, eine Beschäftigung mit sich selbst zu vermeiden.

Und eines ist doch gewiss: Je mehr ich mich selbst akzeptiere, desto leichter fällt es mir auch, andere zu akzeptieren.

Denken Sie daran: Immer wenn ich einen anderen Menschen angreife oder verurteile, spreche ich auf eigenartige Weise von mir.

Meine Angriffe sagen viel über mich selbst.

Gedanken über mich selbst

Wir haben bereits festgestellt, dass Gedanken gestalterische Kraft haben.
Und dass sich die Gedanken, die ich über einen anderen Menschen hege, oft bewahrheiten. Doch auch die Gedanken über mich selbst haben die Neigung, sich zu bewahrheiten.

Jeder meiner Gedanken schafft eine Erinnerung in meinen Zellen.

Denke ich schon am Morgen, *das wird bestimmt ein anstrengender Tag heute*, dann stehen die Chancen gut, dass sich meine Befürchtung bestätigt. Mein Unterbewusstsein wird durch solche Gedanken mit negativen Bildern – einer negativen Erwartungshaltung – aufgeladen. Ich werde von meinem Unterbewusstsein gesteuert, das unbedingt Recht haben will. Also wird es dafür sorgen, dass es auch Recht bekommt.
Der Tag wird tatsächlich anstrengend.
Und ich kann »zufrieden« feststellen: *Hab ich's doch gewusst!*

Entscheide ich mich hingegen dafür, mir am Morgen bildlich vorzustellen (zu visualisieren), wie schön der Tag werden wird und wie gut ich all seine Anforderungen meistern werde, dann sind die Chancen groß, dass es tatsächlich ein schöner Tag wird.
In dieser Hinsicht haben meine Gedanken gestalterische Kraft.

Lesen Sie langsam:

Jeder meiner Gedanken schafft eine Erinnerung in meinen Zellen.
Es ist ausschließlich meine Entscheidung, was ich über mich denke.
Ich trage die alleinige Verantwortung für meine Gedanken.

Wut

Wut ist ein explosives Thema.
Ich sage nicht, dass ich niemals wütend werde. Ich sage nicht, dass Wut ein »unerlaubtes« Gefühl ist.

Es gibt keine Gefühle, die »edler« oder »besser« sind als andere. Es gibt kein Richtig oder Falsch, wenn es um Gefühle geht. Gefühle sind, was sie sind – eben Gefühle!

Wut hat dieselbe Berechtigung wie alle anderen Gefühle auch.

Die Frage ist bloß, was ich mit meiner Wut *anfange*!

Wenn ich wütend war, habe ich oft die Erfahrung gemacht, dass sich meine Wut gegen einen Unschuldigen richtete – was natürlich nicht sonderlich konstruktiv ist.

Wenn wir wütend sind, können wir oft keinen klaren Gedanken fassen und sind uns selten bewusst, auf wen oder was wir eigentlich so wütend sind.

Könnte es sich vielleicht folgendermaßen verhalten?

Jede Wut ist ein Versuch, jemand ein Schuldgefühl zu vermitteln.

Denken Sie darüber nach! Und versuchen Sie sich in Erinnerung zu rufen, wann Sie das letzte Mal richtig wütend auf jemanden waren.

Wut – Angst

Wenn Sie das nächste Mal jemand begegnen, der richtig in Rage, wütend und erregt ist, dann fragen Sie sich im Stillen:

Wovor hat dieser Mensch solche Angst?

Jeder Wut liegt eine Form von Angst zugrunde. Sagen Sie es nicht laut! Fragen Sie sich einfach: *Wovor hat dieser Mensch solche Angst?*

Und Sie werden einen anderen Menschen vor sich sehen. Lassen Sie Ihrer Empathie freien Lauf. Jeder Wut liegt eine Form von Angst zugrunde.
Hinter jeder Wut steckt ein Mensch, der um Hilfe ruft. Alle Wut ist im Innersten ein verzweifelter Ruf nach Hilfe.

Wütende Schreie sind ein Ausdruck von Hilflosigkeit. Man schreit nur, wenn man seinen eigenen Zorn nicht versteht. Jede Gewalt ist ein Ausdruck von Hilflosigkeit. Man schlägt nur, wenn man seinen Zorn nicht versteht.

Wenn ich jemand wütend anschreie und nicht zuhören will (nicht zuhören kann), tue ich dies, um etwas in mir zum Schweigen zu bringen, das ich nicht sehen will (sehen kann).

Jeder Wut liegt eine Form von Angst zugrunde.

Die Aggressivsten haben immer die größte Angst. Die Geschichte wäre sicherlich anders verlaufen, wenn die Aggressivsten öfter gedacht hätten: *Was ist das in mir, vor dem ich die Augen verschließe?*

Wenn Sie also das nächste Mal jemand begegnen, der so in Rage, wütend und erregt ist, dass er zittert, dann fragen Sie sich im Stillen:

Wovor hat dieser Mensch solche Angst?

Nur zu, Übung macht den Meister.

Die Wirklichkeit sehen

Angst ist immer ein Hilferuf.

Wenn ich Angst habe, kann es geschehen, dass ich eine Maske – einen falschen Ausdruck – aufsetze. Sie ist mein Schutz, eine Art Rüstung. Das tun wir alle hin und wieder, um gewisse Situationen »durchzustehen«. Jede Maske hat diese Schutzfunktion.

Das kann man beispielsweise an einem Jungen beobachten, der scheinbar gelassen und unbeteiligt über eine Tanzfläche schlendert. Die ausdruckslose Maske dient dazu, seine Unsicherheit und Angst zu verbergen. Sein Herz klopft stürmisch, aber das will er nicht zeigen. Er schützt sich, indem er eine coole Haltung, eine Attitüde, annimmt. Sie ist seine Rüstung, sein Schutz.

Dieses simple Beispiel hat Ihnen sicher verdeutlicht, dass:

Jede Maske ein Schutz ist.
Ein Ruf – eine Bitte – ein Hilferuf.

Wenn Sie dies durchschauen, sehen Sie die Realität. Das bedeutet, *wirklich* zu sehen.

Wenn Sie aber mit Angst und Ablehnung reagieren oder der Maske (der coolen Attitüde) gar Bewunderung (!) zollen, dann reagieren Sie auf eine Lüge. Sie sehen nicht die Wahrheit, sondern wurden zum Opfer einer Fehleinschätzung.

Es besteht kein Zweifel, dass Sie allein für die Interpretation Ihrer Umwelt verantwortlich sind. Nur Sie entscheiden darüber, ob Sie die Wahrheit im Verhalten des Jungen erkennen oder auf seine Maske – das Falsche – hereinfallen wollen.

Jeder Mensch, der bei einer Begegnung das »Falsche« sieht, ohne es als wahr zu akzeptieren, wird ein potenzieller Helfer, ein Befreier.

Je größer die Maske, die Sie sehen, desto lauter ist der Ruf nach Hilfe.

Ein Übungsbeispiel

Manches begreift man am besten, indem man sich ein Extrembeispiel vor Augen führt.

Stellen Sie sich vor, Ihnen kommt ein Skinhead entgegen, mit düsterer Miene, rasiertem Schädel und Springerstiefeln. Was sehen Sie? Was spüren Sie?

Reagieren Sie auf die Maske, den Schleier, das »Falsche«? Ducken Sie sich und laufen davon? Oder sehen Sie Anzeichen dafür, dass hier ein Mensch nach Liebe ruft?

Vielleicht bekommen Sie es mit der Angst, sind angespannt und blicken zu Boden, wenn Sie an ihm vorbeigehen. Sie sehen ihm nicht in die Augen, empfinden vielleicht sogar Verachtung für ihn. In diesem Fall sind Sie auf die Maske des Skinheads hereingefallen.

Sie sehen das »Falsche«, akzeptieren es aber als wahr.

Dieses Beispiel lässt an Deutlichkeit nichts zu wünschen übrig. Sie begegnen einem jungen Mann, der um Hilfe ruft, sich nach Liebe sehnt. Alles an seinem Ausdruck, seinem Gesicht und seiner Kleidung bestätigt das. Alle Skinheads rufen: »Liebt mich!«

Natürlich weiß er um Ihre Angst, spürt vielleicht auch Ihre Verachtung.

Ihre eigene Fehlinterpretation schafft Distanz und trennt Sie voneinander.

Wenn Sie jedoch die Wahrheit erkennen (was in diesem Beispiel nicht schwer ist), dann werden Sie möglicherweise von ganz anderen Gefühlen erfüllt. Vielleicht haben Sie Lust, stehen zu bleiben, oder schenken ihm zumindest einen Blick. Er befindet sich direkt vor Ihnen – ruft, fleht und bittet. Doch niemand hat ihm beigebracht, die folgenden Worte auszusprechen: *Liebe mich, akzeptiere mich!*

Als er noch ein Kind war und auf kindliche Art um Liebe bat – das Selbstverständliche einforderte –, da hat man ihn abgewiesen, vielleicht sogar verspottet und bestraft. Das machte ihn einsam.

Doch welche Lavaströme in seinem Inneren! Und welche Schmerzen, die er lernte, durch eine Maske der Kühle und Härte zu verbergen. Durch diesen »falschen« Ausdruck.

Wir alle tragen in uns das Bedürfnis nach Liebe. Es ist ein wahres Bedürfnis.

Ein Gedicht

Allem, dem wir uns auf den vorherigen Seiten angenähert haben, geben folgende Zeilen wunderbar Ausdruck:

Man will geliebt werden

aus Mangel daran bewundert

aus Mangel daran gefürchtet

aus Mangel daran verabscheut und verachtet.

Man will Menschen irgendein Gefühl einflößen.

Die Seele schaudert vor der Leere und sucht nach Nähe

um jeden Preis.

Aus »Dr. Glas« von Hjalmar Söderberg

Sie haben nun das Erste Buch gelesen.

Vielleicht möchten Sie eine Pause machen.

Sich ein wenig ausruhen.

Nehmen Sie sich Zeit und schreiten Sie langsam voran.

Seien Sie neugierig und gespannt darauf, was es noch alles zu lernen gibt. Ungefähr die Hälfte des Kurses haben Sie bereits geschafft.

Sie können natürlich auch darüber nachdenken, was Shakespeare gemeint haben könnte, als er schrieb:

> *Es gibt weder Gutes noch Böses,*
> *nur das, was unsere Gedanken uns eingeben.*

BUCH 2

Fortsetzungskurs für alle, die mehr üben möchten

Den Blick nach innen richten

Eine einfache Erinnerung:

Stellen Sie sich vor, Sie sind wütend auf Ihren Partner oder Kollegen. Sie zittern vor Wut und schreien ihn unkontrolliert an: *Du verdammter Idiot! Ich hasse dich! Du machst mich noch verrückt!*

Dabei sollten Sie eigentlich versuchen, ganz andere Worte zu finden. In etwa: *Irgendwie habe ich das Gefühl, langsam verrückt zu werden. Woher kommt dieses Gefühl in mir?*

Oder auch folgendermaßen:

Du weckst etwas in mir … stößt irgendwas an, das mich vor Wut zittern lässt … wie merkwürdig … ich frage mich, woher das kommt.

Versuchen Sie Ihrem Gegenüber also zu vermitteln:

Ich bin wütend – aber das hat nichts mit dir zu tun.

Sie treten also beiseite und machen den anderen nicht für Ihre Wut verantwortlich. Sie gehen in sich und fragen: Warum reagiere ich so heftig? Was sagt das über mich? Was kann ich dagegen tun? Was wurde da in mir geweckt?

Rufen Sie sich an dieser Stelle den Kernsatz des Kapitels *Eine kraftvolle Einsicht* ins Gedächtnis. Er soll Ihnen helfen, in sich hineinzublicken, anstatt andere für Ihren Zorn verantwortlich zu machen (zu projizieren):

Ich ärgere mich aus anderen Gründen, als ich glaube.

Eine Übung

Schauen Sie sich in Ihrer Umgebung um. Denken Sie darüber nach, wie Sie auf verschiedene Menschen reagieren. Sehen Sie die Wahrheit in ihnen? Oder sind Sie ein Opfer Ihrer eigenen Interpretationen?

Ein Beispiel: Sie haben einen Kollegen, der sich ironisch, zynisch und arrogant verhält. Vielleicht haben Sie Angst vor ihm, empfinden womöglich Abscheu und Verachtung. Sie reagieren stark auf die Signale, die er aussendet. Sie reagieren, indem Sie auf Abstand zu seiner kalten und unnahbaren Körpersprache gehen. Sie weichen zurück. Senken den Blick. Sie haben den Kontakt zu dem Besten in sich verloren – sind nicht mehr so, wie Sie eigentlich sein sollten.

Sie sind den Signalen eines anderen Menschen zum Opfer gefallen. Sie haben sich kleiner gemacht. Schwächer. Sind ein Opfer Ihrer eigenen Interpretation geworden. Sehen und reagieren auf das »Falsche«, auf die Maske, mit der er sich schützt.

Erinnern Sie sich an folgenden Satz:

Ich allein bin dafür verantwortlich, wie ich meine Umgebung verstehe.

Sie sind nicht in der Lage, diesen Mann zu durchschauen. Zynismus und Arroganz sind immer ein Ausdruck von Angst. In Wahrheit teilt er Ihnen durch sein Verhalten seine Angst mit. Zynismus und Arroganz – die Maske, das Spiel – sind sein Schutz. Vielleicht hat er bereits als Kind gelernt, diese Maske aufzusetzen, wenn er sich unsicher fühlte. Sein Verhalten ist ein einziger Hilferuf. Eine Bitte und ein Appell: *Liebe mich!*

Merken Sie, wie sich Ihre Wahrnehmung bereits verändert? Es gibt viele Möglichkeiten, sich darin zu üben, die Wahrheit zu sehen. Manchmal wird es Ihnen vielleicht missglücken, und Sie werden erneut von Neid und Wut, Abscheu und Verachtung gepackt. Doch das Leben bietet unendlich viele Möglichkeiten, zu üben und zu lernen. Betrachten Sie es als Schule für Ihre Entwicklung!

Jede Angst, die Sie sehen, ist ein Hilferuf.

Hinter jeder Maske befindet sich die Wahrheit eines Menschen. Je größer die Maske, desto lauter der Hilferuf.

Vielleicht hilft es Ihnen, auch im Alltag hin und wieder an folgende Sätze zu denken:

Ich bin fest entschlossen, Dinge und Menschen auf eine neue Art und Weise zu betrachten. Ich will die Wahrheit sehen.

Dieser Wechsel ist Ihnen dann geglückt, wenn Sie plötzlich spüren, dass Sie etwas oder jemand mit ganz neuen Augen betrachten. Und ist Ihnen das einmal gelungen, wird es Ihnen immer wieder gelingen.

**Es folgen drei Texte
zu gewaltsamen Übergriffen**

Übles Gerede 1

Sie sitzen im Frühstücksraum und trinken Kaffee. Am selben Tisch sitzt Ihr Kollege A und zieht über den gemeinsamen Kollegen B her, der nicht anwesend ist! Sie hören seine Worte. Vielleicht murmeln Sie etwas vor sich hin und lachen verlegen. Dennoch sind Sie der Meinung, dass Sie sich an diesem Gespräch eigentlich nicht beteiligen. Vielleicht sagen Sie leise »das war das Schlimmste« oder »ja, ja«. Sie nippen an Ihrem Kaffee, während sich Kollege A weiter über Kollege B auslässt. Sie glauben wirklich, dass Sie sich diesem Gespräch entziehen. Sie widersprechen Kollege A zwar nicht, geben ihm aber auch nicht Recht.

Die Pause ist zu Ende. Kollege A verlässt den Raum. Sie trinken den letzten Schluck, stehen auf und folgen ihm. Am Ende des Flurs kommt Ihnen B entgegen. Hilfe! Sie biegen blitzschnell ab und suchen die nahe gelegene Toilette auf. Von dort aus hören Sie, wie B vorübergeht.

Haben Sie sich wirklich nicht am Angriff auf B beteiligt? Haben Sie dem Kollegen A durch Ihr Schweigen nicht Recht gegeben? Und hat Ihr Schweigen nicht Schuldgefühle bei Ihnen ausgelöst?

Wenn Sie B jetzt begegnen, haben Sie ein schlechtes Gewissen. Bewusst oder unbewusst. Von nun an steht etwas zwischen Ihnen. Sie sind unfrei geworden und beginnen womöglich, B auszuweichen. In Zukunft werden Sie B nicht mehr mit derselben Offenheit und Warmherzigkeit gegenübertreten können wie früher.

Das ist tragisch. Nicht nur für B. Auch für Sie selbst.
Sofern Sie nichts dagegen unternehmen!

Sie spüren die Wahrheit, die in folgenden Sätzen steckt:

Ich werde immer den fürchten, den ich angegriffen habe.
Es tut mir nicht gut, wenn ich jemanden angreife.

Doch wie soll man sich in solch einer Situation verhalten?

Auf der nächsten Seite bekommen Sie einen großartigen Rat.

Übles Gerede 2

Hier ist ein großartiger Rat für alle, die erleben, wie jemand über eine abwesende Person herzieht:

Während A also über B lästert, ihn lächerlich macht und in den Schmutz zieht, konzentrieren Sie sich ganz darauf, eine gute Sache über B zu finden. Eine positive Eigenschaft, die B hat; eine gute Angewohnheit, die B besitzt; eine gute Tat, die B vollbracht hat; eine Fähigkeit, die allein B auszeichnet …

Gehen Sie in sich und finden Sie *eine* positive Sache oder Eigenschaft. Wenn Sie ehrlich der Meinung sind, dass B aufgrund dieser Sache oder Eigenschaft geschätzt werden sollte, dann sagen Sie dies in aller Ruhe zu A!

Wenn Sie das tun, sind Sie dabei, die Welt zu verändern!

Lassen Sie sich auf keine Diskussion ein! Nennen Sie einfach Bs positive Eigenschaft, und Sie werden eine gewaltige Veränderung in As Gesicht erkennen. Sie haben sich selbst einen Dienst erwiesen. Sie haben B einen Dienst erwiesen. Und so merkwürdig das klingen mag – Sie haben auch A einen Dienst erwiesen.

Sie werden B wieder offen in die Augen sehen können, wenn Sie ihm das nächste Mal begegnen.

Unbeteiligt danebenzusitzen, wenn A über B herzieht, ist wie die Beteiligung an einem Gewaltverbrechen.
Ich weiß, das ist ein starkes Wort!
Doch man tut tatsächlich jemand Gewalt an, der sich nicht wehren kann.

Übles Gerede 3

Ein weiterer Rat für alle, die ihre Freiheit behalten wollen:

Wenn A sich Ihnen vertrauensvoll entgegenbeugt und sagt: »Ich muss dir was über B berichten. Aber versprich, es niemandem zu erzählen. Versprich es!«

Dann atmen Sie erst einmal tief durch. (Denn jetzt geht's ans Eingemachte!) Holen Sie noch einmal tief Luft und bitten Sie A dann, Ihnen *nichts* zu erzählen.

Sagen Sie ihm, dass Sie nichts hören wollen!

Wer sich auf eine solche Art »ins Vertrauen« ziehen lässt, ist in Wahrheit selbst einem Übergriff ausgesetzt. Wer A zuhört, wird später ein schlechtes Gewissen haben und B nicht mehr unbefangen gegenübertreten können. Eine Distanzierung von B hat bereits begonnen.

Tragen Sie Sorge für sich. Seien Sie vorsichtig.

Ein englisches Sprichwort sagt:

Falsche Menschen suchen viele Zeugen.

Ein Herz nach dem anderen

Der Frieden beginnt nicht weit da draußen.
Der Frieden beginnt nicht damit, dass die anderen alle ihre Waffen niederlegen.
Der Frieden beginnt nicht damit, dass alle anderen sich ändern.

Der Frieden beginnt in uns.

Frieden wird dadurch erreicht, ein Herz nach dem anderen zu erreichen.

Beginnen Sie bei sich selbst. Machen Sie weiter mit Ihren Kindern und Ihrem Partner.
Fahren Sie mit anderen Menschen fort, die scheinbar zufällig Ihren Lebensweg kreuzen.

Die Welt verändert sich, wenn ich die Auffassung von der Welt verändere.

Was ich verändern kann, ist meine Auffassung von der Welt. Was ich verändern kann, ist meine Auffassung von anderen Menschen und von mir selbst.

Nehmen Sie sich ein Herz nach dem anderen vor. Die Welt verändert sich, wenn ich mich verändere.

Das erfüllt uns wirklich mit Hoffnung.

Schuldgefühle – eine Botschaft

Schuldgefühle erzeugen Projektionen.

Projektion bedeutet, die Schuld bei jemand anderem zu suchen, anstatt sich der eigenen Verantwortung zu stellen.

Wer Schuldgefühle hat, schützt sich mit Projektionen.
Wer Schuldgefühle hat, sucht nach Sündenböcken.

Ich zweifle nicht an der Wahrheit dieser beiden Sätze. Sie sind für das Verständnis von uns selbst sowie zwischenmenschlicher Beziehungen von fundamentaler Bedeutung.

Projektionen sind immer eine Form des Angriffs. Jeder Angriff auf einen anderen Menschen erzeugt ein Gefühl der Schuld in mir. Um sich vor diesem Gefühl zu schützen, projiziere ich meine Probleme auf andere, was neue Schuldgefühle erzeugt, die weitere Projektionen nach sich ziehen usw. Ein immer schnellerer Kreislauf ist in Gang gesetzt worden.

Auch folgende Überzeugung habe ich gewonnen:

Schuldgefühle verlangen immer eine Form der Bestrafung.

Wer Schuldgefühle hat, straft entweder sich selbst oder jemand anderen.

Für viele hat das Wort »Schuld« vor allem eine religiöse Bedeutung und steht mit Begriffen wie »Fegefeuer«, »Hölle« und »Gottes Strafe« in Verbindung.

Doch können wir uns damit trösten, dass nichts dergleichen wirklich existiert!

In folgendem Zusammenhang ist das Wort »Schuld« für mich von Bedeutung:
Schuldgefühle signalisieren meinem Körper, dass ich nicht mit mir selbst im Einklang bin (dass ich die Verbindung zu meinem wahren Ich verloren habe).

Versuchen Sie also, Schuldgefühle als eine Botschaft an sich selbst zu verstehen.

Zwei verschiedene Welten

Oft glauben wir, es sei die »äußere Welt«, die darüber entscheidet, was wir »sehen« und wahrnehmen. In Wahrheit sind es aber unsere Gedanken über die Welt, die unsere Wahrnehmung beeinflussen.

Man kann also sagen:

MEINE GEDANKEN STEUERN MEINE WAHRNEHMUNG.

Hoffnungslose Gedanken zeigen mir eine hoffnungslose Welt, während optimistische Gedanken mir eine hoffnungsvollere Welt offenbaren.
Ängstliche Gedanken zeigen mir eine Welt voller Feinde, Hindernisse, Gefahren und Bedrohungen.
Liebevolle Gedanken hingegen helfen mir, eine Welt voller Liebe zu sehen, aber auch eine Welt, in der unablässig nach Hilfe gesucht und um Liebe gefleht wird.
Liebevolle Gedanken zeigen mir die Wahrheit, ängstliche Gedanken eine trügerische Welt voller Illusionen.

Während der eine sagt, er sehe nichts als Gewalt und Bosheit, findet der andere, dass die ständigen Rufe nach Hilfe unüberhörbar sind.
Indem die Menschen zwei verschiedene Welten sehen, reagieren sie auch unterschiedlich. Das ist eine bedeutsame Feststellung.

Sobald ich Angst habe, tendiere ich dazu, die Wirklichkeit umzudeuten, das heißt, die Wahrheit zu verkennen.

Wäre es möglich, dass die »äußere Wirklichkeit« nur ein Spiegelbild – ein Resultat – meiner »inneren Wirklichkeit« ist?

Machen Sie sich langsam mit folgenden Gedanken vertraut:

Meine Wahrnehmung der Wirklichkeit ist nicht die Wirklichkeit selbst.
Meine ängstlichen Gedanken zeigen mir eine Welt voller Bedrohungen.
Meine liebevollen Gedanken zeigen mir eine Welt voller Liebe.

Lesen Sie im Stillen:

Ich kann meine Gedanken verändern.

Was ist es, das ich sehe?

Kennen Sie das? Sie erwachen am Morgen mit schlechtester Laune und denken sogleich: *Oh, nein, nicht schon wieder ein neuer Tag!* Ihre Augen würden Sie am liebsten gar nicht erst öffnen. Nach einer Weile raffen Sie sich auf und setzen die Füße auf den Boden, halten Ihren Kopf fest! *Oh, Gott, wie soll ich diesen Tag nur durchstehen?* Ihr missmutiger Blick fällt auf all den Staub, der sich unter dem Bücherregal angesammelt hat. Mühselig stehen Sie auf, sehen einen alten Strumpf auf dem Boden liegen und wanken ins Badezimmer. *Wie schmutzig die Tapete um den Schalter herum ist*, denken Sie. Beim Waschen scheuen Sie den Blick in den Spiegel …

Mit denselben Gefühlen sitzen Sie wenig später im Bus auf dem Weg zur Arbeit. Sie schauen sich mürrisch um. *Mein Gott, wie dick die meisten Leute sind … und der da hinten könnte ruhig mal was gegen seine Pickel machen …*

Doch an einem anderen Morgen …
wachen Sie fröhlich auf, strecken sich voller Energie und Lebensfreude! Sie bleiben für einen Moment auf der Bettkante sitzen und werfen einen Blick unter das Bücherregal, wo sich Staub und Spinnweben zu faszinierenden Gebilden verbunden haben. Mit leichten Schritten gehen Sie ins Badezimmer und betrachten sich voller Dankbarkeit im Spiegel …

Mit demselben Gefühl sitzen Sie später im Bus. Sie betrachten neugierig die anderen Menschen und registrieren wohlwollend, wie einzigartig und unverwechselbar jeder von ihnen aussieht.

DABEI SIND ES DOCH DIESELBEN MENSCHEN!

Manchmal sieht man nur die Zigarettenkippen auf dem Boden, während man an anderen Tagen bemerkt, wie viele Vögel es gibt. Wir sehen nicht mit unseren Augen. Unsere Pupillen lassen nur das Licht hindurch.

Unsere Gedanken und Gefühle steuern unsere Wahrnehmung.

Sich für Gedanken entscheiden

Dies ist wichtig!

Jeder meiner Gedanken beeinflusst meine Laune und meine Gesundheit.

Ebenso wie negative Gedanken mich physisch und psychisch schwächen, werde ich von Gedanken der Freude und Dankbarkeit körperlich und seelisch gestärkt.

Das wissen wir zur Genüge aus eigener Erfahrung.

Dennoch geschieht es immer wieder, dass wir diesem Zusammenhang keine Beachtung schenken und aus dem Jammern und Klagen nicht mehr herauskommen. Das ist nur allzu menschlich. Doch sollten wir nicht vergessen, dass dieses Verhalten uns schwächt.

Wenn wir hingegen damit beginnen, unseren Gedanken und Worten mehr Beachtung zu schenken, wird sich unser Leben entscheidend verändern.

Wie oft hört man nicht Gespräche zwischen zwei oder mehreren Menschen, die sich unentwegt etwas vorjammern. Manchmal scheint es gar so, als würden sich die Leute ausschließlich miteinander unterhalten, um ihre Sorgen und Nöte loszuwerden.

Denken Sie an Ihre Gesundheit!

Üben Sie sich darin, solche »negativen Gespräche« zu vermeiden. Entscheiden Sie sich bewusst für freudvolle Gedanken!

Auf der nächsten Seite finden Sie eine einfache, aber sehr wirkungsvolle Übung.

Dankbarkeit

Falls Sie sich irgendwann zutiefst bedrückt fühlen und all Ihren Mut und Ihre Energie verloren haben ... Wenn Ihnen alles nur noch grau und trostlos erscheint und Sie nicht wissen, wie Sie den nächsten Tag bewältigen sollen ... Wenn Sie jeden Kontakt zu den positiven Energien in sich verloren haben, dann sollten Sie im Stillen folgende Worte sagen:

Eine Sache, für die ich dankbar bin, ist ...
Eine weitere Sache, für die ich dankbar bin, ist ...
Eine dritte Sache, für die ich dankbar bin, ist ...

Sie können diese Übung natürlich auch an jedem beliebigen Tag gleich nach dem Aufwachen durchführen, und Sie werden sehen, um wie viel besser und stärker Sie sich danach fühlen werden.

Zum Beispiel könnten Sie sagen:

Eine Sache, für die ich dankbar bin, ist ... dass ich gesund bin.
Eine weitere Sache, für die ich dankbar bin, ist ... dass ich ein Dach über dem Kopf habe.
Eine dritte Sache, für die ich dankbar bin, ist ... dass sich in meinem Kühlschrank etwas zu essen befindet.

Sie tun nichts anderes, als sich in Gedanken auf die Dinge zu konzentrieren, für die Sie dankbar sind. Seien Sie aber immer ehrlich zu sich selbst und versuchen Sie nicht, sich etwas vorzumachen.

Ich trage die Verantwortung dafür, welche Gedanken meinen Körper beeinflussen. Meine Gedanken können dazu führen, dass ich mich schlecht fühle – ja, sie können mich sogar krank machen.

Sie sind aber auch in der Lage, meine Gesundheit zu fördern! Ich entscheide darüber, was ich denke.

Jeder meiner Gedanken beeinflusst jede Zelle in meinem Körper.

Sie können diese »Dankbarkeitsübung« auch hervorragend in der Familie oder in einer Arbeitsgruppe durchführen. Versuchen Sie es ruhig einmal, vor allem wenn Sie sich angespannt und erschöpft fühlen. Sie werden rasch zu lächeln, vielleicht sogar zu lachen anfangen.
Führt man diese Übung gemeinsam mit anderen Leuten durch, hat sie noch einen zusätzlichen Effekt: Man wird glücklich, von einem anderen Menschen zu hören, wofür er dankbar ist. Das erfüllt einen mit Hoffnung. Versuchen Sie es!

Eine Variante dieser Übung habe ich selbst ausprobiert: Eine Arbeitsgruppe, an der ich teilnahm, traf sich einmal pro Woche. Und jedes Treffen begannen wir damit, dass jeder Teilnehmer berichtete, was seit dem letzten Mal Schönes und Positives in seinem Leben passiert war.

Sie können sich vorstellen, wie viel positive Energie in dieser Gruppe freigesetzt wurde!

Optimismus

Optimismus bedeutet, jedes Problem als Chance zu begreifen.

Wenn Sie das nächste Mal ein Problem haben oder denken, Ihnen sei etwas misslungen, dann versuchen Sie es mit folgendem Gedanken:

Man kann die Sache auch ganz anders sehen.

Man kann etwas »Misslungenes« stets aus einem anderen Blickwinkel heraus betrachten. Jedes Problem hat eine Art Gegensatz – birgt eine Möglichkeit!

Versuchen Sie, ein persönliches Beispiel dafür zu finden. Schreiben Sie es auf oder erzählen Sie es laut.
Finden Sie weitere Beispiele. Schreiben Sie etwa zehn Unglücke oder Missgeschicke auf, die Ihnen widerfahren sind, und formulieren Sie die Möglichkeiten, die sich dadurch ergeben haben.

Sie werden sehen, wie viele neue Möglichkeiten sich Ihnen erschließen. Konzentrieren Sie sich ganz auf die Frage, was wirklich das Beste für Sie ist.

Hier ein Übungsbeispiel:

Sie bewerben sich um eine Stelle, werden jedoch abgelehnt. Überlegen Sie, was für Möglichkeiten und Vorteile sich aus dieser Ablehnung ergeben.
(Versuchen Sie, so viele Punkte wie möglich aufzulisten.)

....

Optimismus bedeutet, jedes Problem als Chance zu begreifen.

Ich behaupte keineswegs, dass es immer leicht ist, so zu denken. Doch sollten Sie Folgendes nicht vergessen:

Ich allein bin verantwortlich für mein Leben.

Versuchen Sie zunächst, die Möglichkeiten in kleinen Missgeschicken und Enttäuschungen zu entdecken. Sobald Sie mehr Routine bekommen haben, können Sie sich den ernsteren Problemen zuwenden.

Lehrstücke

Ein »Misslingen« kann immer auf zwei Arten betrachtet werden:

Man kann es als fürchterliches Unglück ansehen, das einen verbittern lässt, weil man es nicht mehr aus dem Kopf bekommt. Man gibt sich die Schuld und bestraft damit sich selbst, was meist zu folgenden Gedanken führt: *Wie konnte ich mich nur so dumm anstellen! Ich bin ja so ungeschickt!*

Vielen von uns ist ein solches Denken anerzogen worden. Alle derartigen Gedanken beeinflussen uns negativ, bis hinein in unsere Zellen. Versuchen Sie sich lieber zu sagen:

Ich lerne durch das Misslingen in meinem Leben.
Mein Misslingen wendet sich zu etwas Fantastischem: einem Lehrstück.

Das ist ein weitaus angenehmerer Gedanke. Das Leben bietet unzählige Situationen, aus denen wir lernen können. Wir besuchen die Schule des Lebens, um etwas zu lernen. Nur wenn wir gar nichts lernen, kann man wirklich von einem Scheitern sprechen.

Und noch eines!

Manchmal betrachtet man eine gewisse Phase seines Lebens als »verlorene Jahre«.
Versuchen Sie sich stattdessen mit folgendem Gedanken anzufreunden:

Diese Jahre waren eine Vorbereitung,
eine Wachstumszeit für das, was jetzt ist.

Versuchen Sie Ihre »Feinde und Unglücke« als Schleifpapier in Ihrem Leben zu betrachten.

Lesen Sie auch diesen hoffnungsvollen Satz:

Ich sehe heute mehr, als ich gestern sah.

Das Bild von mir

Wir alle haben verschiedene Bilder von uns selbst. Bilder, die mit unserer Lebensauffassung zu tun haben. Bilder, die uns von unseren Eltern und Großeltern auferlegt wurden und sich oft über Generationen herausgebildet haben. Solche Bilder tragen wir alle unbewusst in uns.

In einem Kurs, den ich vor Jahren besucht habe, gab es eine Visualisierungsübung, bei der wir nach inneren Bildern suchen sollten, die unsere Situation im Leben beschreiben.
Ich will gerne von dem Bild berichten, das sich mir aufdrängte:

Ein kräftiges Ardennenpferd will sich einen steilen Abhang hinaufkämpfen. Das Pferd legt sich ins Geschirr und soll eine schwere Holzfuhre ziehen. Doch diese bewegt sich nicht vom Fleck. Keine Räder und kein Schnee!

Das Bild verrät etwas darüber, wie ich erzogen wurde.

Das Leben ist ein Kampf, wurde mir stets vermittelt. Mit dieser Einstellung bin ich großteils durchs Leben gegangen:
Gib nicht auf! Es war hart. Sicher gibt es Schwierigkeiten, Hindernisse und Widerstände. Gib dein Bestes und kämpfe!

Man gleicht einem Fisch, der gegen den Ozean ankämpft. Eine ziemlich mühsame Angelegenheit. Mit solch einer Lebenseinstellung lässt sich schlecht Tango tanzen!

Stellen Sie sich das genaue Gegenteil vor.
Denken Sie stattdessen:

Was richtig ist, fällt leicht.
Was leicht fällt, ist richtig.

Erinnern Sie sich an Momente in Ihrem Leben, in denen sich dies bestätigt hat:

Was richtig ist, fällt leicht.
Was leicht fällt, ist richtig.

Lassen Sie sich von diesen Sätzen durch den Alltag begleiten. Sprechen Sie sie ab und zu leise vor sich hin, und Sie werden die Veränderung spüren.

Wirklich zuhören können

Die beiden folgenden Seiten handeln von der Kraft der persönlichen Begegnung.

Ihre Fähigkeit zuzuhören ist wahrscheinlich die wirkungsvollste Möglichkeit, Ihre Umgebung zu beeinflussen.
Eine Fähigkeit, die auch das Bild bestimmt, das sich Ihre Umgebung von Ihnen macht.

In Untersuchungen hat man zu messen versucht, welche Bedeutung Gesprochenem und Nicht-Gesprochenem in der menschlichen Kommunikation zukommt. Man hat herausgefunden, dass der Anteil des gesprochenen Worts nur 7 Prozent ausmacht. Die übrigen 93 Prozent entfallen auf Mienenspiel, Körperhaltung, Blickkontakt etc.!

Sie wissen sicher, wie man sich fühlt, wenn einem nicht richtig zugehört wird. Sie haben etwas Wichtiges zu sagen, doch Ihr Gesprächspartner schenkt Ihnen nicht die nötige Aufmerksamkeit.
Natürlich wissen Sie auch, was für ein wunderbares Gefühl es ist, wenn einem absolute Aufmerksamkeit geschenkt wird! Man fühlt sich glücklich – und ist dem anderen Menschen dankbar!

Man begegnet in seinem Leben sowohl schlechten als auch guten Zuhörern.
Erinnern Sie sich an eine Situation, in der Sie etwas Wichtiges zu sagen hatten, Ihr Zuhörer jedoch zerstreut war und Ihnen kein Gehör schenkte.
Rufen Sie sich diese Situation genau ins Gedächtnis. Sie reden, wollen etwas Wichtiges mitteilen, doch der andere hört Ihnen einfach nicht zu:

Vielleicht blickt Ihr Gesprächspartner unausgesetzt aus dem Fenster, spielt mit einem Stift, schnippt mit den Fingern. Windet sich auf seinem Stuhl. Lehnt sich verkrampft zurück und verschränkt die Arme. Oder er hat den ganzen Körper abgewandt. Wippt nervös mit dem Fuß. Runzelt die Stirn. Seufzt. Sieht auf die Uhr. Eilt nahezu befreit zum Telefon, als es klingelt usw.

Viele von uns empfinden in einer solchen Situation Wut, Frustration, Lähmung oder eine totale Blockade. Wir fühlen uns unbedeutend, traurig und einsam. Werden unsicher und nervös. Bekommen Herzklopfen. Die eigenen Worte klingen mit einem Mal künstlich und konfus. Alles scheint fehlzuschlagen. Man kommt sich dumm vor, müde und gleichgültig. Alles schrumpft auf eine seltsame Art zusammen. Hassgefühle und Rachegelüste können die Folge sein. Vielleicht sogar Selbstverachtung und Schuldgefühle.

Versuchen Sie nun, sich an eine entgegengesetzte Situation zu erinnern. Wissen Sie noch, wann Sie es mit einem wirklich aufmerksamen Zuhörer zu tun hatten? Er oder sie schenkte Ihnen volle Aufmerksamkeit. Hörte Ihnen richtig zu:

Ihr Gesprächspartner sieht Ihnen ruhig in die Augen. Hat ein offenes, positives und warmherziges Gesicht. Sein Körper ist leicht vorgebeugt. Er nickt, während Sie sprechen. Seine Hände sind ruhig, die Handflächen geöffnet. Er ist vollkommen präsent. Er unterbricht Sie nur hin und wieder, um sicherzugehen, dass er Sie auch richtig verstanden hat.

In solchen Begegnungen spürt man Sicherheit und Ruhe. Man empfindet Wärme, Freundschaft, Freude, Energie und Kraft. Man fühlt sich kreativ. Intelligent. Genial! Man bekommt Selbstvertrauen. Bringt dem anderen Vertrauen entgegen. Ist offen und kindlich. Man fühlt sich lebendig, spielerisch, großmütig. Empfindet

Hoffnung und Dankbarkeit. Verantwortung. Viele berichten, dass sie Liebe empfinden.

So möchten wir uns immer fühlen.
Im Einklang mit uns selbst.
So, wie wir sein sollten.
All das haben wir in uns.
All das gehört zu unserem wahren Ich.

Ein norwegisches Mädchen sagte einmal etwas sehr Schönes zu mir:

Ein guter Zuhörer hat Augen, in die man blicken kann, und einen Körper, den man berühren kann – wenn man möchte.

Hör zu!

Hier ist ein anonymer Brief, den ich von einem Mann bekommen habe und gerne mit Ihnen teilen möchte:

Wenn ich dich bitte, mir zuzuhören, und du beginnst mir Ratschläge zu geben,
hast du nicht getan, worum ich dich gebeten habe.
Wenn ich dich bitte, mir zuzuhören, und du beginnst mir zu erklären,
warum ich nicht so fühlen sollte, wie ich es tue,
trampelst du auf meinen Gefühlen herum.
Wenn ich dich bitte, mir zuzuhören, und du denkst, du müsstest etwas tun,
um mein Problem zu untersuchen, dann lässt du mich im Stich –
so merkwürdig sich das auch anhören mag.
Vielleicht helfen manchen Menschen deshalb Gebete so gut,
weil Gott stumm ist, keine guten Ratschläge gibt und sich nicht einmischt.
Er hört nur zu und lässt mich selbst zurecht kommen.
Deshalb sei so nett und hör mir einfach zu. Und wenn du reden möchtest,
kannst du doch wohl eine Weile warten, bis du dran bist.
Dann verspreche ich, dir zuzuhören.

ANONYMUS

Machen Sie gerne eine Kopie von diesem Text.

Leitung

Checkliste für alle, die eine Gruppe oder ein Team leiten

1. Erstellen Sie eine Liste mit den positiven und starken Eigenschaften jedes Teammitglieds. Sprechen Sie oft von diesen Eigenschaften – und widmen Sie ihnen Ihre ganze Aufmerksamkeit.
2. Besorgen Sie sich ein gutes Foto von jedem Teammitglied. Sehen Sie sich die Bilder oft an und denken Sie dabei an die positiven Eigenschaften der jeweiligen Person. Ihre Gedanken haben gestalterische Kraft.
3. Kontrollieren Sie Ihre eigene Einstellung. Reden Sie darüber. Versuchen Sie, Ihre Einstellung zu verändern. Beeinflussen Sie Ihre Gedanken und die Ihrer Mitarbeiter. Sprechen Sie gut übereinander.
4. Thematisieren Sie die Stärken Ihrer Teammitglieder. Sagen Sie oft: »Was ich an dir wirklich schätze, ist … Widmen Sie sich nicht den persönlichen Schwächen, sondern konzentrieren Sie sich auf die Stärken jedes Einzelnen.
5. Erwarten Sie stets das Beste.
6. Versetzen Sie sich in die Bedürfnisse jedes Teammitglieds hinein. Erstellen Sie eine Liste mit den individuellen Bedürfnissen der einzelnen Mitglieder. Befriedigen Sie diese Bedürfnisse nach Kräften.
7. Schaffen Sie eine Atmosphäre der Sicherheit und des Vertrauens. Je größer das gegenseitige Vertrauen, desto weniger muss man sich verstellen. Das setzt Energie, Freude und Gemeinschaftssinn frei! Wenn etwas Hoffnung, Kraft und Sinn vermittelt, dann ist es dies. Und auch die Ergebnisse werden besser ausfallen.
8. Wenn Sie von jemand kritisiert werden, dann atmen Sie tief durch und versuchen Sie es mit den 8 goldenen Worten.

Sagen Sie in aller Ruhe: *An dem, was du sagst, ist etwas dran.*

9. Lesen Sie oft: *Ich ärgere mich aus anderen Gründen, als ich glaube.*
   Denken Sie oft: *Was gerade geschieht, geschieht deshalb, weil ich etwas zu lernen habe.*
10. Üben Sie sich in Bescheidenheit, indem Sie ein guter Zuhörer werden.

Machen Sie gerne eine Kopie von dieser Seite.

Absolut wahr

Buch 2 endet mit einem einfachen Ratschlag:

Wenn Sie sich einer Gruppe von Menschen gegenübersehen, vielleicht öffentlich sprechen, eine kleine Rede halten oder anderen etwas beibringen sollen – sich in jedem Fall irgendwie diesen Menschen gegenüber verhalten müssen –, dann versuchen Sie sich Folgendes zu sagen, während Sie sich die Gesichter der anderen vorstellen:

Es gibt niemanden hier, der mehr ist als irgend ein anderer, und es gibt niemanden hier, der weniger ist als irgendein anderer.

Dieser Gedanke beruhigt und wird Ihnen die Nervosität nehmen. Er ist absolut wahr, immer und überall.

Hilft Ihnen dieser Gedanke nicht weiter, dann sagen Sie sich auch Folgendes:

Es gibt niemanden hier, von dem ich nichts lernen könnte.

Jede Begegnung verschafft uns die Möglichkeit, zu wachsen und etwas über uns selbst zu erfahren. Versuchen Sie, andere Menschen als für Sie bestimmte zu sehen, um von ihnen zu lernen.

»Die Persönlichkeit entwickelt sich nur durch Berührung mit einer anderen Persönlichkeit. Dieses gegenseitige Erwecken und Entzünden von Gedanke und Gedanke, von Wille und Wille ist das einzige, ewige und offenbare Wunder in unserem Leben.«

(Erik Gustav Geijer)

BUCH 3

Abschlusskurs

Diesen »Abschlusskurs« sollten Sie erst dann lesen, wenn Sie denken, dass Sie alles Bisherige mit Leichtigkeit aufgenommen und verarbeitet haben.

Viel Glück dabei!

Angst – Liebe

Sie sind in diesem Kurs weit vorangekommen. Möglicherweise kann das, was nun folgt, etwas verwirrend wirken – vielleicht ist es aber auch schon selbstverständlich für Sie.

Versuchen Sie sich langsam mit folgendem faszinierenden Gedanken vertraut zu machen:

Es gibt nur zwei Möglichkeiten, sich gegenüber einem anderen Menschen zu verhalten. Die eine basiert auf Angst – die andere auf Liebe. Und diese zwei »vermischen sich nie«.

Alles, was nicht Liebe ist, ist also Angst. Und alles, was nicht Angst ist, ist Liebe.

Gewöhnen Sie sich allmählich an diesen Gedanken. Lesen Sie immer wieder:

Entweder lasse ich mich in meinem Verhalten von der Angst oder von der Liebe leiten. Eine dritte Möglichkeit gibt es nicht.

Liebe ist immer eine Form von Einigung (Zuwendung). Angst ist immer eine Form von Trennung (Abwendung).
Das steht für mich außer Frage.

Prüfen Sie diesen Gedanken. Wenn Sie spüren, dass er wahr ist, werden Sie Ihre Umgebung auf neue Art und Weise wahrnehmen.

Stellen Sie sich vor, jede Geste von Ihnen ist Ausdruck mit dem Willen, Vereinigung, Akzeptanz, Toleranz, also mehr Liebe in der Welt zu schaffen oder sie ist Ausdruck einer Furcht mit dem Hilferuf: Liebe mich.

Tun sie das nicht, sind sie ein Ausdruck der Angst – ein Ruf nach Hilfe und ein Flehen um Liebe.

Etwas dazwischen gibt es nicht.

Wir alle pendeln zwischen diesen Polen: Manchmal geben wir Liebe, manchmal suchen wir sie.

Leben Sie mit diesem Gedanken. Erproben Sie ihn. Das wird sehr spannend werden.

Der heilige Augenblick

Langsam habe ich mich an folgenden Gedanken gewöhnt:

Angst und Liebe können niemals gleichzeitig erlebt werden.

Wenn ich Angst habe, kann ich keine Liebe empfinden.

Es gibt nur zwei Möglichkeiten, sich gegenüber einem anderen Menschen zu verhalten. Die eine basiert auf Angst – die andere auf Liebe. Und diese zwei »vermischen sich nie«.

Wir alle kennen das Gefühl, einem anderen Menschen mit Angst zu begegnen. Man ist angespannt, verkrampft … und hinterher unendlich erschöpft. Wir alle können uns an die verschiedensten Entscheidungen erinnern, die von der Angst diktiert wurden, und an die Reue, die ihnen folgte.

Doch wir alle wissen auch, wie es ist, anderen Menschen vollkommen angstfrei gegenüberzutreten!
Eine solche Begegnung zwischen zwei oder mehreren Menschen, die alle frei von Angst sind, ist gewissermaßen ein »heiliger Augenblick«.

In einem solchen Moment spüren Sie – sowohl in sich als auch in Ihrer Umgebung – einen warmen Strom von Liebe. In diesem Moment sind Sie in Kontakt mit Ihrem *wahren Ich.*

Sie empfinden auch, dass nur das Hier und Jetzt von Bedeutung ist. Sie sind ganz und gar im Augenblick gegenwärtig.
Und in der Gegenwart, befreit von Angst, spüren wir alle die Liebe.

Bei Harry Martinson klingt dies folgendermaßen:

Nur selten erlebt jeder von uns einige klare Sekunden
der Vergessenheit und Begegnung,
alles wird berührt,
nur das Wunder steht still und sieht dir in die Augen.

Wäre es möglich, dass es meine »inneren Ängste« sind, die meine Liebe nicht zur Entfaltung kommen lassen?

Versuchen Sie, sich von diesem Gedanken durch den Alltag begleiten zu lassen:

Es gibt nur zwei Möglichkeiten, sich einem anderen Menschen zu nähern. Die eine basiert auf Angst. Die andere auf Liebe.

Angst und Liebe können niemals gleichzeitig erlebt werden.

Zwei Grundbedürfnisse

Wer dem wirklichen »Sehen« näher kommen will, das heißt einem Sehen, das die Wahrheit erkennt, sollte möglichst oft an diese Zeilen denken:

Manche Menschen spenden Liebe,
andere haben Angst und bitten um Liebe.

Lernen Sie diese beiden Zeilen auswendig. Verbringen Sie den Alltag mit ihnen. Betrachten Sie andere als Geber von Liebe oder als ängstliche Menschen, die um Hilfe, das heißt um Liebe bitten. Etwas anderes gibt es nicht.

Üben Sie sich in dieser Betrachtungsweise. Lassen Sie nicht locker.
Dann werden Sie erfolgreich sein.

Was jetzt folgt, soll Ihnen helfen, das Vorherige zu verstehen und anzunehmen:

Menschen haben zwei Grundbedürfnisse. Zum einen das **Bedürfnis, geliebt zu werden**. Doch über diesem steht ein weitaus stärkeres Bedürfnis, nämlich **Liebe zum Ausdruck zu bringen**.

Diese Bilder sollen Sie stets daran erinnern:

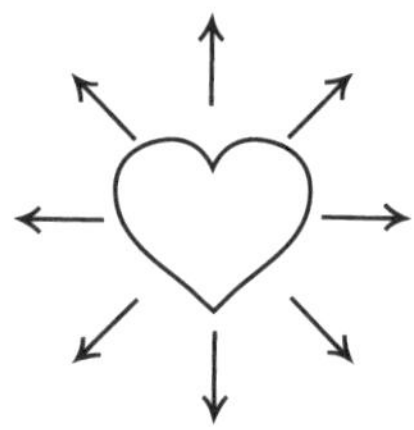

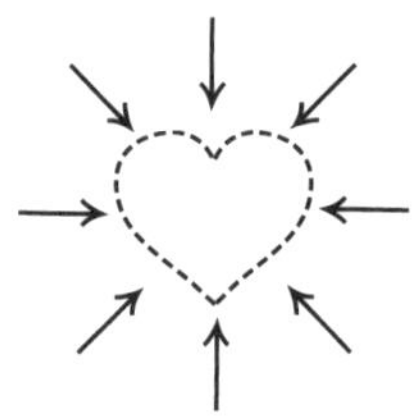

Betrachten Sie andere also als Geber von Liebe oder als ängstliche Menschen, die um Liebe bitten. Etwas anderes gibt es nicht.

So gut ich kann

Vielleicht haben Sie irgendwann schon einmal diesen Satz gehört oder gelesen:

In jedem Augenblick handelt jeder Mensch so gut er kann – nach seinem besten Vermögen.

Das muss nicht unbedingt das Beste sein, das objektiv möglich wäre, aber eben das Beste, das einer bestimmten Person in einem bestimmten Augenblick möglich ist.

Was ist, wenn es so wäre?
Was ist, wenn es wirklich so wäre?

Haben Sie Schwierigkeiten, sich mit diesem Gedanken anzufreunden? Vielleicht fallen Ihnen auf Anhieb Menschen in Ihrem Umfeld ein, die sich Ihrer Meinung nach mehr Mühe geben sollten? In diesem Fall kann ich das wirklich nachempfinden … doch geben Sie diesem Gedanken ein wenig Zeit, lassen Sie ihn sich für eine Weile durch den Kopf gehen.

Prüfen Sie seine Wahrheit, indem Sie ihn auf ein kleines Kind anwenden. Warum nicht auf einen Säugling? Warum nicht auf Sie selbst als kleines Kind? Oder auf einen Fötus, der im Mutterbauch ist?

Alle kleinen Kinder verhalten sich in jedem Augenblick so gut, wie sie können – wie es ihrem Vermögen entspricht.

Für mich ist dies eine befreiende Erkenntnis:

Alle kleinen Kinder versuchen in jedem Moment ihr Bestes zu geben. Alles andere ist nur Ausdruck meiner eigenen Fehleinschätzung.

Daraus folgt (logischerweise), dass alle Vorwürfe und Anklagen, jedes Ironisieren und Lächerlichmachen von Kindern als ein Hilferuf von Erwachsenen zu verstehen ist. Als Botschaft, dass ich mich als Erwachsener in diesem Moment unwohl, überfordert, irritiert fühle. Es sind also Beispiele dafür, wie Erwachsene versuchen, Kinder für ihre eigenen Probleme verantwortlich zu machen (bzw. ihre Probleme auf sie zu projizieren).

Ich behaupte nicht, dass es leicht ist, sich eine solche Sichtweise anzugewöhnen. Schließlich werden die meisten von uns so gesehen. Doch wir haben es so gut gemacht, wie wir konnten.
Doch könnte es der Beginn einer Veränderung sein, sich möglichst oft in Erinnerung zu rufen: *Alle Kinder verhalten sich in jedem Moment so gut, wie sie können.*

Vielleicht können Sie sich jetzt schon eher mit dem anfangs zitierten Satz anfreunden:

In jedem Augenblick handelt jeder Mensch so gut er kann – nach seinem besten Vermögen.

KÖNNTE DIES WIRKLICH WAHR SEIN?

Mit diesem Gedanken habe ich mich jahrelang beschäftigt. Manchmal war ich sicher, dass es so ist, doch dann kamen mir wieder Zweifel.

Eines habe ich dabei gelernt:
Wenn ich auf die Misserfolge und Enttäuschungen in meinem Leben zurückblicke, dann kann ich heute sagen, dass ich tatsächlich jedes Mal mein Bestes gegeben habe – das Beste, das mir in der jeweiligen Situation möglich war. Sich dies sagen zu können hat eine außerordentlich befreiende Wirkung.

Es bedeutet nämlich, sich selbst mit Zuneigung und Verständnis zu betrachten. Die Alternative besteht darin, sich Vorwürfe zu machen: *Das hätte ich besser machen müssen! Warum habe ich mir nicht mehr Mühe gegeben? Mein Gott, wie dumm ich war!*

Wenn wir mit uns selbst ins Gericht gehen, werden wir weder klüger noch glücklicher oder gesünder.

Ich möchte so gerne daran glauben, dass jeder Mensch stets sein Bestes gibt. Das hilft – vor allem, wenn ich mich gerade über jemand ärgere. Gerade dann versuche ich mir zu sagen: *Er handelt so gut er kann – auch wenn es verdammt schwer ist, dies zu erkennen und zu akzeptieren*!

Wenn mir das gelingt, löst sich ein Großteil meiner Irritation in Luft auf.

Versuchen Sie es!

Schwere Begegnungen

Ein Text zum mehrfachen stillen Lesen

Ich sehe die Arroganz (den Schutz – die Maske – den Schleier),
mit der du gelernt hast, dich zu schützen
und deine Angst zu verbergen.
Sie ist ein Ruf nach Hilfe.

Ich sehe die Ironie (den Schutz – die Maske – den Schleier),
mit der du gelernt hast, dich zu schützen
und deine Angst zu verbergen.
Sie ist ein Ruf nach Hilfe.

Ich sehe die doppelte Botschaft (die Maske – das Spiel),
mit der du gelernt hast, dich zu schützen
und deine Angst zu verbergen.
Sie ist ein Ruf nach Hilfe.

Ich sehe die Härte und Kälte (die Maske – den Schutz),
mit denen du gelernt hast, dich zu schützen
und deine Angst zu verbergen.
All das ist ein Ruf nach Hilfe! Ein Flehen um Liebe.

Ich sehe die Pedanterie, die Ordnung, den Zwang, das Manische,
mit denen du gelernt hast, dich zu schützen,
um das Chaos zu überwinden
und deine Angst zu bekämpfen.
Sie sind ein Ruf nach Hilfe.

Ich sehe das Schweigen, die Stille, die Apathie, die Lähmung,
all das Falsche, mit dem du dich umgibst,
vermutlich von Kindesbeinen an,

um unzählige schwere und erniedrigende Situationen
zu überstehen.
Auch damit hast du gelernt, dich zu schützen
und deine Angst zu verbergen.
Es ist ein Ruf nach Hilfe.

Meine Aufgabe ist es, diesen Ruf zu erkennen.

Ich übe mich darin, ihn nicht zu verachten, nicht anzugreifen oder lächerlich zu machen – wenn ich ihn erkenne und ihm außerhalb von mir begegne …

Das ist leicht getan, weil ich ihn bei mir selbst nicht akzeptiere. Das ist leicht getan, weil auch ich dies alles, oder Teile davon, in mir trage und verdränge.

Leben – Tod

Dass dieser Kurs in vielfältiger Weise unser Wohlergehen und unsere Gesundheit betrifft, wird auch durch eine – inzwischen fast klassisch gewordene – Studie verdeutlicht, die an der Universität von Minnesota durchgeführt wurde.

Zu Beginn einer 25-jährigen Untersuchungsperiode wählte man 1059 Personen aus, die allesamt 19 Jahre alt waren. Frauen und Männer waren gleich stark vertreten. Ebenso bemühte man sich, eine repräsentative Auswahl von Dicken und Dünnen, Schwarzen und Weißen, Reichen und Armen etc. auszuwählen.

Man erforschte die Persönlichkeitsstruktur der Versuchspersonen und versuchte diejenigen herauszufiltern, die dazu neigten, allen Menschen gegenüber argwöhnisch zu sein und sich überall Feinde zu machen.

Dann versuchte man diejenigen zu identifizieren, die eine solche Neigung am allerwenigsten besaßen.

Man beobachtete alle Versuchspersonen über einen Zeitraum von 25 Jahren und stellte Folgendes fest:

Die erste Gruppe, also diejenigen, die sich überall Feinde machten, hatten ein **viermal so hohes Herzinfarktrisiko** und eine **sechsmal so hohe Sterblichkeitsrate**.

Eine letzte Wiederholung

Betrachten Sie andere Menschen also entweder als Liebesgeber oder als ängstliche Wesen, die um Liebe bitten.

Dies bedeutet, andere so zu sehen, **wie sie wirklich sind** – eines der Ziele dieses Kurses. Eine mögliche Variation eines früheren Satzes lautet:

Jede meiner Handlungen bringt entweder den Willen zum Ausdruck, mehr Liebe in diese Welt zu bringen, oder ist ein Ruf nach Hilfe, eine Bitte um Liebe.

Andere Alternativen gibt es nicht.

Betrachten Sie andere Menschen entweder als Liebesgeber oder als ängstliche Wesen, die um Liebe bitten.

Jede Begegnung mit einem anderen Menschen gibt Ihnen die Möglichkeit zu üben.

Andere Menschen sind Liebesgeber oder ängstliche Menschen, die um Hilfe, das heißt um Liebe bitten.

Auf zwischenmenschliche Beziehungen übertragen könnte man es folgendermaßen formulieren:

Jede Handlung gegenüber einem Familienmitglied, einem Kollegen, Patienten, Kunden oder Schüler hat entweder gebenden Charakter und das grundsätzliche Ziel, den anderen »zu heilen«, ihm Liebe zu spenden. Oder sie bringt ein Problem zum Ausdruck, das mich gerade beschäftigt. Das heißt, ich bitte um Hilfe.

Beziehungen existieren, damit wir an unserer eigenen Entwicklung arbeiten können.

Versuchen Sie, alle Beziehungen als Aufgabe zu betrachten!

In jeder Beziehung lernen wir immer entweder aus Liebe oder aus Angst.

In einer Beziehung kann man stets zahlreiche Mängel und Unzulänglichkeiten entdecken, wenn man darauf aus ist.

Doch findet man auch viel Wohlwollen, Sehnsucht, guten Willen, Fürsorge und Hilfsbedürftigkeit, wenn man danach sucht.

Dies gilt immer

Es gibt nur zwei mögliche Reaktionen: Jedes Lachen, jeder Gesichtsausdruck, jede Stimme und Körperhaltung bringt entweder Liebe oder die Suche nach Liebe zum Ausdruck.

Entweder bringt das Lachen, das Sie hören, Liebe oder die Suche nach Liebe zum Ausdruck. Entweder bringt die Stimme, die Sie hören, Liebe oder die Suche nach Liebe zum Ausdruck. Entweder bringen Mimik und Gestik, die Sie sehen, Liebe oder die Suche nach Liebe zum Ausdruck. Entweder bringen die Worte, die Sie hören, Liebe oder die Suche nach Liebe zum Ausdruck.

Wir sind dazu da, um diese Lektion zu begreifen.

Damit schließt dieser Kurs.

Danke, dass Sie diese Seiten gelesen haben.

Ich wünsche Ihnen viel Glück!

Impressum

Erstveröffentlichung by Hansson & Pollak, Schweden 1994
Veröffentlicht unter Vermittlung der Loud Literary Agency, Schweden
Originaltitel: Att växa genom möten

Redaktion: Knut Krüger
Projektleitung: Karin Stuhldreier
Satz: Filmsatz Schröter, München
Umschlag: R. M. E. Eschlbeck / Kreuzer / Botzenhardt
Druck und Bindung: Ebner & Spiegel, Ulm
Printed in Germany

ISBN 978-3-517-08312-4

Bildnachweis
U1: Getty Images, München (Tony Craddock);
© Prokino Filmverleih GmbH (Paramount), München
Illustrationen S. 44, 100: Bettina Kammerer, München

Wir danken Prokino Filmverleih GmbH, München
für die freundliche Unterstützung.
Der Film »Wie im Himmel« ist als DVD erhältlich.

Hinweis für unsere Leser
Die Informationen in diesem Buch sind von Autor und Verlag sorgfältig erwogen und geprüft, dennoch kann eine Garantie nicht übernommen werden. Eine Haftung des Autors bzw. des Verlags und seiner Beauftragten für Personen-, Sach- und Vermögensschäden ist ausgeschlossen.

817 2635 4453